中学化学实验研究

主　编　姚林娜
副主编　梁　谦　索　南

科学出版社
北　京

内 容 简 介

本书以中学化学实验为基础，依据新课程改革的基本理念，结合2011年版课程标准，根据中学化学课程和实验教学改革的变化与趋势以及师范生培养的需要，精心选择内容。教材中的实验内容涵盖了现阶段初、高中化学课程中主要的重点、难点实验，并且增加了综合性实验、探究性实验、创新性实验。全书共分为中学化学实验概述、中学化学实验基础知识、中学化学基础实验与改进实验、中学化学探究实验与创新实验四个专题，书末有附录。

本书可作为高等师范院校化学专业本科生的教材，也适合从事化学教育研究和中学化学教学的相关人员使用，还可作为中学化学教师的培训教材。

图书在版编目(CIP)数据

中学化学实验研究/姚林娜主编．—北京：科学出版社，2013.9
ISBN 978-7-03-038526-0

Ⅰ.①中… Ⅱ.①姚… Ⅲ.①化学实验-教学研究-中学 Ⅳ.①G633.82

中国版本图书馆CIP数据核字(2013)第206777号

责任编辑：丁　里／责任校对：包志虹
责任印制：赵　博／封面设计：迷底书装

科学出版社 出版
北京东黄城根北街16号
邮政编码：100717
http://www.sciencep.com
固安县铭成印刷有限公司印刷
科学出版社发行　各地新华书店经销
*
2013年9月第 一 版　开本：720×1000　1/16
2024年12月第八次印刷　印张：11
字数：220 000

定价：39.00元
（如有印装质量问题，我社负责调换）

序

化学学科是科学家族中重要的成员之一。随着人类对自然与自身认识的不断深化，化学在科学中的基础与中心地位日益突出。对于基础教育，可以说在学生科学素养的培养中，化学学科所扮演的角色不容取代。化学实验是化学学科产生与发展的基本方法，化学实验在中学化学教学的基础地位在化学教育界早已达成共识。但是如何充分发挥化学实验的教学功能，怎样才能更有效地提高化学实验教学质量等问题一直是化学教育工作者关注的重点，也是历次化学课程改革的热点。化学学科和化学实验教学的特征决定了新课程目标和新课程理念的有效落实均离不开化学实验教学。

化学课程改革使中学化学教学理念与内容不断更新和发展，实验教学作为中学化学教学的基本内容，在理念、内容与教学方式上均需有新的研究与变化。为适应基础教育化学课程改革的需要，高等师范院校化学专业师范生实验教学能力也要进行相应的提升。高等师范院校开设“中学化学实验研究”（或称“中学化学教学论实验”等）课程的目的是使师范生在已有的教育教学知识和化学专业知识的基础上，根据中学化学实验教学的要求，初步掌握中学化学实验教学的技能，培养独立从事中学化学实验教学的初步能力。虽然一些学校为了适应新课程改革的新要求，对教学内容进行了调整，但是到目前为止该课程的教材建设比较落后，相对封闭的内容体系，一方面使得关于中学实验研究的最新成果不能在教学内容中体现，另一方面也使得教学内容难以切合中学教学实际。为了培养具有创新能力的中学化学教师，高等师范院校“中学化学实验研究”的教学应顺应基础教育化学课程改革的要求，在与中学化学课程改革的相互作用中不断发展和创新。不仅要培养师范生的实验操作能力，还要培养其设计、演示实验的能力、指导学生实验的能力等。

由姚林娜主编的《中学化学实验研究》依据新的化学课程理念，紧密结合新的中学化学课程设置，根据师范生培养的需要，精心选择实验内容，体现实验教学改革的变化与趋势。在实验选择和开发时紧扣生活实际，体现了化学与生活、材料、环境、能源以及科技等方面的密切关系。增加了大量综合性实验、探究性实验和创新性实验，加强了实验教学的有效性和可操作性，使学生在实验过程中深入理解化学的核心知识，体会化学知识、技能的社会价值，同时引导学生关注身边的事物和问题，培养学生的问题意识和科学生活的态度。该书在训练学生从事实验教学和探究性实验设计的基本技能，培养他们指导中学生开展化学综合实践活动和进行专题研究的能力等方面进行了大胆尝试。作为年轻教师，在化学教学研究领域积极尝试，勇于合作，这种精神是值得赞扬的。希望该书能够获得化学教育同行的关注，让编者与中学化学实验教学研究共同成长。

周　青

2013 年 7 月于陕西师范大学

前　言

在新课程改革的理念下，中学化学实验的教学作用在传统意义上发生了变化。实验教学在培养师范生教学创新、实践和能力多元化方面具有重要的作用，但到目前为止，有关实验教学的教材建设比较落后，教学论理论方面的书籍多，有关中学化学实验教学的理论和实践培养的教材少，不能满足对师范生教学能力培养的需要。

为满足21世纪国内基础教育课程教学改革对于中学师资的新要求，本书依据新课程改革的理念，结合2011年版课程标准，精选初中和高中化学实验，使师范生了解化学实验教学内容，掌握实验操作技能，能够进行实验改进与创新，能够设计探究性实验，具备从事中学化学实验教学的基本素养，从而达到培养高质量中学化学教师的目的。

全书共分为中学化学实验概述、中学化学实验基础知识、中学化学基础实验与改进实验、中学化学探究实验与创新实验四个专题。实验的操作规范性、实验的研究和改进、详尽的文献资料是每一个实验内容的重点。全书的重点是训练未来的中学化学教师从事实验教学和进行实验设计的基本技能，同时加强实验教学的有效性和可操作性，提高学生的实验教学能力，培养他们指导中学生开展化学综合实践活动和进行专题研究的能力。

本书由曲靖师范学院组织编写，参加编写工作的主要有：曲靖师范学院姚林娜、侯能邦、席玉梅、王琪、伏霞、王爱芳、刘国静、夏春梅、朱海燕、李虹、蔡玉、苟大利、秦艳、李慧；广西师范大学梁谦；青海师范大学索南；陕西师范大学陈丽、符娜、郭天野、杨晓聪、王清、代飞、闫春根、丁士华、王君华、黄秋燕、彭涛、赵舒昱、高苗、王婷婷、刘丽亚；陕西教育学院倪俊超；云南省曲靖市麒麟区第三中学庄宇；云南省曲靖市麒麟区第八中学白楷；云南省曲靖市第一中学马建波、罗小艳；云南省曲靖市第二中学缪祥平；云南省宣威市第五中学惠兴社；云南省普洱市第一中学谢瑞琨、柳富强；云南省会泽县茚旺高级中学周颖；河南省鹤壁市实验学校牛海涛；新疆生产建设兵团农五师中学赵佩莉；河北省张家口市宣化区第一中学薛桂凤；河北省张家口市教育科学研究所袁东霞；东北师范大学化学学院张宇帆；天津大港区油田实验中学李学军。

在本书编写过程中得到了陕西师范大学周青教授的悉心指导，在此表示无尽的感激和由衷的感谢。

在本书编写过程中参阅了国内外同行大量的文献资料，也引用了他们的一些研究成果和数据资料，在此表示深深的谢意。

在本书编写过程中得到了曲靖师范学院化学化工学院的全面支持，在此向曲靖师范学院化学化工学院的领导和同事表示衷心的感谢。

本书是“曲靖师范学院教师教育师资队伍‘职前职后一体化’建设”资助项目，在此向曲靖师范学院继续教育学院的领导和工作人员表示衷心的感谢。

本书是曲靖师范学院“云南省普通高等学校‘十二五’规划教材”资助项目和曲靖师范学院实验教学研究项目（综合性、设计性实验）“中学化学探究性实验设计研究”阶段性研究成果，在此向曲靖师范学院教务处的领导和工作人员表示衷心的感谢。

本书是曲靖师范学院教育科研创新团队建设项目“教师专业标准理论与实践研究创新团队”阶段性研究成果，在此向曲靖师范学院教师专业发展研究院的领导和工作人员表示衷心的感谢。

由于编者水平有限，书中难免有疏漏和不足之处，恳请各位同行和读者批评指正，以便今后修订完善。

编　者

2013 年 6 月 9 日于曲靖

目　　录

第一章　中学化学实验概述

化学是在原子、分子水平上研究物质的组成、结构、性质及其应用的一门基础自然科学，其特征是研究分子和创造分子。以实验为基础是化学学科的基本特征。从新元素的发现、新化合物的合成、化学反应规律的研究到新理论、新假设的证实，都离不开实验的方法。实验是化学科学中研究问题的最重要、最基本的方法之一。它可以借助科学仪器设备所创造的条件，排除各种偶然、次要因素的干扰，使要研究的问题更加简化明了，还可以造就自然界中无法直接控制而在生产过程中难以实现的特殊条件（如超高温、超低温、超高压、超高真空、超强磁场等），按照人们的设想，能动地控制研究体系，获取生产实践中不易或不可能得到的新发现。化学史表明，近代化学科学的重大发现，一般不是直接来自生产实践，而往往是来自实验环节。因此，化学实验教学不仅是传授知识，验证、巩固和扩大课堂上学过的知识，掌握一些实验操作的基本技能，培养学习兴趣；而且，在化学实验过程中，可以培养学生创造性的思维能力以及进行科学研究和发明创造的基本方法，为学生今后的化学学习与研究打下基础，为学生在化学学习中分析问题和解决问题提供更多的思路和途径。

化学科学与化学教育是互相促进发展的。化学教育的内容是已发展的化学科学知识与技术，通过化学教育，提高人的化学科学素质，培养新一代从事化学研究的人才，从而促进化学科学的发展。化学教育包括化学理论知识的教学和化学实验教学，化学实验教学是化学教育的重要组成部分。通过化学实验教学，培养学生发现化学问题、探究化学问题和解决化学问题的能力，培养学生的实践与创新能力。

作为化学专业师范生或中学化学教师，必须了解化学实验在中学化学教学中的功能和作用，掌握中学化学实验研究的一般方法，规范、熟练地演示中学化学教学中的基本实验，具备改进和创新设计实验的能力，并能充分挖掘实验的教育功能，满足不断变化的教学需求。

总之，研究如何通过化学实验促进中学化学教学，培养学生的科学素养，提高教学效果，是我国新课程改革中的一个重要议题。

第一节　中学化学实验的地位与作用

一、中学化学实验教学的理念

我国现阶段的义务教育阶段和高中阶段的化学课程是以提高学生的科学素养为主旨，通过激发学生学习化学的兴趣，帮助学生了解科学探究的基本过程和方法，培养学生的科学探究能力，使学生获得进一步学习和发展所需要的化学基础知识和基本技能，培养学生的创新意识、探究能力和科学素养。现行的《义务教育化学课程标准(2011年版)》及《普通高中化学课程标准(实验)》更加重视培养学生的科学素养，突出科学探究在化学实验教学中的作用，期望学生通过实验学习化学，加深对化学的理解。

培养学生的科学素养是使学生理解科学的关键概念和原理，熟悉自然且认识自然的多样性和统一性，并为个人和社会目的而使用科学知识和思维的科学方法。

资料卡片

科学素养的主要内容包括：①科学知识；②科学技能；③科学方法和思维方法；④价值观；⑤解决社会及日常问题的决策；⑥创新精神；⑦科学、技术、社会以及其相互关系；⑧科学精神；⑨科学态度；⑩科学伦理和情感。

中学化学的科学探究指的是学生构建知识，形成科学观念，领悟科学研究方法的各种活动，其本质与科学家的科学探究活动有很多相似之处。

“培养学生的科学素养，突出科学探究在实验教学中的作用”作为中学化学实验教学的新理念，是我国课程改革中的一个重要转变，需要对其进行深入的认识和理解。

可从以下途径来实现中学化学实验教学的新理念。

(一) 通过实验培养学生的科学素养

化学学科学习是构建科学素养的一条重要途径。化学作为一门探索物质组成、性质、用途的学科，与人们的生活生产联系紧密，其与社会、技术、自然环境的密切关系，凸显出了科学的巨大价值，也显示了科学所具有的破坏力，因此化学学习是进行科学价值观、科学伦理观、科学情感教育的重要途径。

另外，化学是一门以实验为基础的自然科学，化学的诞生和发展都离不开化学实验。化学实验通过观察、操作、思考、解释、做出结论进而形成理论，展现了科学研究的一整套程序，显示了科学家在追求真理的过程中所付出的艰辛，彰显了科学家脚踏实地、以事实为依据、不迷信权威的科学精神。因此，化学实验是从事科学探究，学习科学知识和科学方法，培养科学技能和科学精神的绝佳的认识过程。

化学实验集中体现科学精神和态度，具有非常丰富的教育价值和内容。实验通过清晰、生动和直观的化学实验现象，激发学生的学习兴趣，创设科学探究情景，引导学生发现和解决问题，促进学生知识和技能的提升以及良好思想品德的形成。因此，做好实验教学是全面提高学生科学素养的基本途径。

（二）在实验中激发学生兴趣，培养科学的思维和方法

在化学课堂教学中既要培养学生的思维方法，又要培养学生用运动、变化、联系等观点看待事物的辩证思维能力，而化学实验恰恰是通过辩证的思维研究、揭示化学变化规律的直观教学手段。在中学化学实验中，演示实验是为阐明化学概念和理论、揭示物质性质、研究化学变化规律而精心设计的，具有较严密的逻辑思维。

化学实验中的奇特现象，使学生感到“惊奇”，同时也会使学生对化学产生浓厚的学习兴趣，有了这种兴趣，学生就会全神贯注于课堂的演示实验，积极思考。教师可以充分利用学生对化学实验产生的惊奇感，培养和发展学生的学习兴趣，通过设计直观“趣味化”的实验，强化学生对知识的感知和理解，使枯燥的知识变得活泼有趣。

（三）强化实验教学，培养学生的实践能力和创新精神

学生不仅能从实验中认识事物，而且可以通过实验培养创新精神和实践能力。任何一个学生实验都必须由学生亲自完成，在一个完整的实验过程中，学生可以利用已有的化学知识，获取关于探究的直接经验，增强解决问题的能力。

在《义务教育化学课程标准（2011 年版）》和《普通高中化学课程标准（实验）》中设计的实验十分注重对学生发现问题和解决问题能力的培养，许多化学实验本身对学生具有较强的启发性，鼓励学生对有疑问的现象和结果进行质疑，从而培养学生的创新能力。另外，化学作为自然科学中思维性极强的一门基础学科，在培养学生的创新思维方面有着得天独厚的条件。新课程中的化学实验十分注重通过化学实验及其教学鼓励和引导学生独立思考，勇于提出自己的见解，培养学生不迷信课本，敢于用科学方法进行创新的精神，激活创新意识，进而达到培养学生创新精神的目的。

（四）在化学实验中进行情感态度与价值观教育

科学的情感和态度是科学素养教育中的人格要素，没有高尚的科学情感和态度的人是无法对人类作出贡献的。化学实验是化学教学中德育和美育教育的重要途径和方法，通过化学实验让学生了解内因与外因、量变与质变、对立统一等辩证唯物主义观点。化学实验不但有变幻莫测、引人入胜的魅力，同时也存在一定的危险性，没有严格认真的科学态度是难以顺利完成的。

化学实验是使学生获得直接的感性经验和事实材料的根本途径和重要手段，是检验和发展假说的实践基础，是使化学科学知识达到真理标准的基本方法。学生在化学实验的过程中，通过对实验原理的学习和实验现象的观察，形成真实的、科学的理性认识，养成实事求是的科学态度。

另外，实验的生活化、绿色化可以从各个方面对学生的情感、态度进行科学教育，引导学生在设计化学实验时，要注意节约药品，减少污染，降低药品浓度，提高实验效果，尽可能在密闭条件下进行实验，减少对环境的负面影响，同时循环使用、并充分利用反应产物等，以此让学生关注环境保护，提升其对科学与社会的了解和认识。

（五）借助实验进行科学方法教育

科学方法是获得科学知识的主要手段和重要工具。实验教学是一种重要的感性认识方法，在教学中实验分为验证性实验和探究性实验。验证性实验是对化学假设进行检验的一种实验，主要是通过“问题—化学假设—实验验证—结论—应用”的过程完成。探究性实验是学生在实验和观察的基础上通过科学抽象获得结论的一种实验，主要通过“问题—实验事实—科学抽象—结论—应用”这一过程体现。学生在教师引导下的实验设计激发了学生实验探究的积极性。

对于每一个化学实验，要求学生严格按照规范进行操作，在实验的过程中培养和发展学生的比较、分析能力，使其逐步掌握比较、归纳、推进等科学方法。总之，无论采取哪种实验教学方法，其中都蕴含着科学认识过程和方法，使学生在认识化学知识的过程中，掌握科学方法，提升科学素质。

二、中学化学实验的功能

（一）化学实验的认识论功能

化学认识论主要研究的是关于化学认识的辩证运动和化学认识过程的本质规律等一系列问题，即化学知识的产生和积累、化学理论的形成和发展、化学研究的方式和方法等。按照化学实验论的观点，化学实验具有以下认识论功能：一是化学实验是引发化学教学问题，提出化学教学认识问题的重要途径之一；二是化学实验能够克服人的生理限制，提高人自身的感觉能力和分辨能力，能够在严格控制外界条件下改变物质的变化过程，从而丰富人的感性认识内容；三是化学实验能够超越生产实践的局限性，走在生产实践的前面，直接推动化学科学理论的研究，是化学理论赖以产生的基础，又是化学理论运用于实践的桥梁和中介；四是化学实验具有客观性、普遍性和直接现实性，能够为检验化学理论、验证化学假说提供化学实验事实，是检验化学科学知识真理性的标准。

由化学实验构成的实验化学课程除同样具有上述认识论功能外，更强调其作为一门课程所具有的独特的认识论功能。一是帮助学生形成关于人类了解和研究物质世界过程的认识。实验化学的内容编排按照“分离、提纯（获取纯净的物质）→物质组成的研究→物质性质和应用的研究→物质的制备与合成的研究”的顺序展开，这也是人们通常认识和研究物质的过程。通过对物质定性、定量两方面的研究，实现对研究对象系统而深刻的认识。二是化学实验是解决化学问题的重要途径。实现化学以课题为组成单元，每一个课题即是一个任务，通过任务分析、方案设计、实验实施等解决给定的化学问题。

◇ 案例 1

学生在学习铁及其化合物知识时，最重要的知识点就是铁的不同价态之间的转化。其中有一个实验“铜与氯化铁溶液的反应”，经常用到并容易被学生与其他反应混淆，因此，在此处补充一个试管实验，让学生观察铜与氯化铁的反应。

实验：用试管取少量氯化铁溶液，向其中加入一束铜丝，放置一段时间后，要求学生观察现象。几分钟后，溶液中出现了非常奇特的现象，黄色的溶液逐渐分层，上层变为黄绿色，而下层变为蓝色。学生由实验现象非常直观地判断出反应的产物，上层黄绿色的是氯化亚铁溶液，下层蓝色的是氯化铜溶液。反应方程式为

$$2FeCl_3 + Cu = CuCl_2 + 2FeCl_2$$

这个实验虽然简单，但这个反应体现了氧化还原反应的一个非常重要的规律：强氧化剂＋强还原剂＝弱还原剂＋弱氧化剂，其中强氧化剂被还原为弱还原剂，而强还原剂被氧化为弱氧化剂，两种物质的氧化性和还原性相差越大，反应越容易发生。这个反应只能正向进行，由反应进行的方向也可以判断氧化剂、还原剂的相对强弱。通过这个实验，我们知道氯化亚铁也有较强的还原性，但它的还原性弱于铁；氯化铁和氯化铜都有氧化性，但三价铁离子的氧化性强于铜离子。根据这个规律或事实，可以将学过的很多氧化剂、还原剂的相对强弱进行比较。

◇ 案例 2

在高二有机化学“苯酚”的教学中，教师给学生设计了一组实验，用于讨论苯酚的酸性。

首先是苯酚和氢氧化钠溶液的反应。通过实验观察到白色的苯酚浊液变澄清，发生了类似于酸碱中和的反应，生成了可溶于水的类似于盐的物质——苯酚钠。

为了证明苯酚的弱酸性，根据强酸可制得弱酸的理论，接下来向苯酚钠溶液中通入二氧化碳气体，发现澄清的溶液又变浑浊，显然，苯酚钠、二氧化碳和水又发生反应生成了苯酚，那么除苯酚之外的另一种产物是什么呢？是碳酸钠还是碳酸氢钠？这时学生的意见就会出现分歧，有些学生认为还是与通入二氧化碳的多少有关。

第三个实验，向得到的苯酚浊液中加入碳酸钠溶液，观察现象。结果发现又得到了澄清透明的溶液，显然苯酚又被转化为苯酚钠。

这样，学生从实验现象获得了非常直观的结论。苯酚可以与碳酸钠反应，所以它们不可能同时出现在一个反应的产物中，即使出现了，也会继续发生反应。从实验获得直观的化学事实，然后再给出碳酸、苯酚和碳酸氢根电离程度的强弱，引导学生从阴离子结合氢离子的难易程度判断反应的产物。

此外，化学实验还是丰富感性认识的有效手段。化学实验能够克服人的生理限制，提高人自身的感觉能力和分辨本领，使人获得更加丰富的感性知识和规律性的认识。这可以从以下几点来理解：

(1) 化学实验手段能够扩大和改善人感官的感觉能力。化学实验的过程，是实验者、实验对象和实验手段三个基本要素结合在一起，构成一个整体，并发生作用的过程，它是实验者根据一定的研究或教学目的，借助于一定实验手段(实验仪器、装置、设备和工具等物质手段)，在人为干预和控制的条件下，使实验对象发生预定变化的过程，如能延长人的感觉器官，克服感官的局限性，扩大接收信息能力的实验仪器和设备；能延长人的效应器官，加强人对物质的作用，提高人对物质的干预和改造能力的实验仪器和设备等。

(2) 化学实验能在严格控制条件下变革物质的变化过程，为人们提供更加丰富的认识内容。马克思说过，物理学家是在自然过程表现得最确实、最少受干扰的地方考察自然过程的；或者，如有可能，是在保证过程以其纯粹形态进行的条件下从事实验的。这就是说，人的研究工作需要在一种特殊的、人为严格控制的条件下进行，而不是在受到各种复杂因素干扰的情况下进行研究。这对于化学科学工作者或化学教学中学生的认识同样是适用的。我们要认识的任何一种物质总是处于与其他物质的相互联系中，为了达到认识某物质的目的，需要把各种外在的干扰加以排除，使研究对象以“纯粹”的状态从众多因素中“孤立”和“抽取”出来。

◆ 案例 3

稀有气体(除氡外)存在于空气中，要认识每一种稀有气体的性质，就需要把它们从空气中分离出来，分别进行研究，以排除氮、氧、二氧化碳等物质可能产生的干扰。为了使稀有气体从空气中分离出来，就需要使空气液化，使空气液化的条件是低温、高压。这里所谈到的高压、低温都是为了研究和认识上的需要人为创造的条件，在这种条件下，人们才有可能实现对稀有气体的认识。

(二) 化学实验的方法论功能

化学方法论是科学方法论的一个重要分支，主要研究化学科学常用的研究方法及其产生、发展的过程等。化学研究方法有很多种，如化学符号语言系统、化学观察与实验、化学假说、化学模型、化学推理等。其中化学实验方法最具化学研究方法的个性特点，是最基本、最重要的化学研究方法。

学科知识模块中的化学实验，学生在学习知识的同时也会学到一些基本的实验技能，如蒸馏、过滤、萃取以及各种元素化合物的检验等。但这些技能的学习是零散的，缺乏内在联系，很难有系统性的提高；而且多是操作层次上的实验技能，较少含有理性思维的方法。相比之下，实验化学模块的编排具有自己独特的、整体的方法论功能。

一是构建完整的实验技能和能力培养的课程体系，将基本实验方法系统化。课程中的实验编排遵从科学家开发和研究物质世界的逻辑顺序，将物质的分离和提纯方法、物质的性质研究方法、物质的检验与鉴别方法、反应条件的控制方法(包括物质的定量分析方法)和物质的制备、合成方法等系统地介绍给学生。根据学生实验能力发展的规律，又将实验按照基本实验操作、实验探究和综合实验活动三个主题由简单到复杂的顺序进行组织，最终培养学生的综合实验能力。各实验间有内在的相互联系，其中的每一个实验都是该课程系统学习和训练链条中的一环。因此，实验化学除单个实验应有的功能和作用外，还具有课程系统学习、训练上所承载的整体的功能和价值。

二是重视理论方法与经验方法的相互转化，强调实验方法论对化学实验的指导作用。感性的实验方法只有上升到理论高度，才能更好地揭示化学运动的规律，也才具有更高的迁移、指导价值。实验化学在重视基本实验操作方法的同时，更重视对这些方法的归纳、概括，使其上升为解决同类化学问题的一般思路和方法。例如，通过对各类混合物的分离和提纯的实验教学，概括出物质提纯和分离的原则、常用方法及适用范围，反过来再指导物质分离、提纯的实验方案设计。与化学实验重视培养学生的实验操作技能相比，实验化学更偏重于实验方案设计的原则和方法、实验探究的程序和方法的学习，而将实验基本操作技能融合到实验探究活动的过程中。例如，根据实验原理设计科学可行的实验方案，通过控制实验条件来探究某个因素的影响等。这一点也体现在两种化学实验的教学活动的编排模式上，以鲁科版(山东科学技术出版社版本)为例，学科知识模块中的化学实验编排模式为：实验目的→实验原理→实验装置→实验步骤→实验记录和结论；实验化学模块中的化学实验编排模式为：活动背景→活动任务→设计实验方案→实施实验方案。

三是关注现代科学技术在化学实验研究中的应用，如现代仪器分析技术在物质结构研究方面的应用，现代合成技术在有机合成方面的应用，手持技术、信息技术在化学实验中的应用等。由此可知，实验化学更重视基本技能的系统化、实验方法的理论化和实验技术的现代化。

（三）化学实验的教学论功能

化学实验和实验化学模块同样具有以下教学论功能，但由于受在课程中地位的限制，知识性模块中的化学实验很难充分实现这些教学功能。而作为一门独立课程的实验化学，其内容选取上的丰富性，组织、结构上的完整性、系统性，以实验活动为主的学习方式等课程特征，决定了其能够在更深的层次、更高的水平上实现化学实验的教学论功能。

化学实验能够激发学生的化学学习兴趣。知识模块中的化学实验，更多的是培养学生的感知兴趣和操作兴趣，虽然新课程中通常将部分化学实验冠以"探究"的名称，但由于教材编写的原因和实际教学的需要，多数都是在教材或教师给出原理和实验方案、甚至在已经知道实验结果的情况下，进行的演示实验或学生实验，仍然停留在感知和操作层面的兴趣上，缺少真正意义的以问题解决、实验探究为主要课堂活动方式的探究实验化学模块，很多实验只提出活动任务，要求学生能够运用正确的实验原理并独立完成实验方案的设计，而有些综合性实验还要求学生能够运用所学的知识、实验技能创造性地解决问题。因此，实验化学更有利于培养学生的探究兴趣、创造兴趣，激发学生内在的学习动机。

资料卡片

学习兴趣是学习动机中最现实、最活跃的成分，是促进学生探究物质及其变化规律性的一种重要的内在动力。根据化学实验激发学生兴趣的方式和水平高低不同，化学实验的兴趣功能可划分为感知兴趣、操作兴趣、探究兴趣和创造兴趣。感知兴趣是指通过观察教师演示实验现象和各种实验仪器装置产生的兴趣，属于一种浅层次的实验兴趣；操作兴趣是指学生通过实验操作产生的实验兴趣，也属于直接兴趣；探究兴趣是指学生通过实验的方法探究物质及其变化产生的原因而形成的一种兴趣，是间接兴趣，水平更高，具有稳定、持久的特点；创造兴趣是指学生在运用所学知识、技能和方法进行创造性活动中形成的一种兴趣，是学习兴趣的最高水平。

化学实验能够创设生动活泼的化学教学情景。情景创设是现代化学教学设计的重要内容之一，对于促进有效性学习有着十分重要的作用。情景创设的方法很多，如化学实验、化学问题、科学事实等，而通过化学实验创设的教学情景具有直观、生动的特征，是化学教学中最常用的一种形式。其他模块的化学实验往往只限于通过一个实验情景引入教学，为学生提供一个知识产生的背景。实验化学则更重视驱动性问题的创设，所创设的情景具有驱动性、参与性和生成性。实验化学以课题任务的形式驱动学生提出假设、设计方案、进行实验探究。将问题情景与实验情景融为一体，实验任务贯穿于整个实验活动过程，并随着活动的进行提出新的问题，强化并调控学生的实验探究活动。

实验探究是转变学生学习方式和发展科学探究能力的重要途径。实验探究是通过以实验方法为主进行的一种探究活动，实验探究具有问题性、活动性和体验性，能够有效地改变学生的学习方式和教师的教学方式，使化学教学从当前的"学化学"、"听化学"向"做化学"、"探究化学"转变。它以实验技能的获取和探究能力的培养为主要目标，以学生自主探究为基本课堂活动方式，有较充裕的时间作保障，因此能够从根本上改变课堂的教学方式和学习方式。

化学实验是落实"情感态度与价值观"目标的重要手段。化学实验以其体验、经历的特征，使学生在实验探究的过程中，培养热爱科学实验的积极情感，体验化学实验在生产、生活中的巨大价值。实验化学也比其他模块的化学实验能够更好地落实"情感态度与价值观"的目标。这是因为其他模块的化学实验要服务于元素化合物的知识和化学原理的教学，无法自由选取那些具有丰富情感态度与价值观的实验内容。实验化学则不同，围绕每一个课题，可以广泛地选择与生活、生产联系最密切的、学生最感兴趣的日常生活和社会问题作为实验内容，如"比色法测定抗贫血药物中铁的含量"、"食醋中总酸量的测定"、"'蓝瓶子'实验"等，能够最大限度地培养学生积极的化学情感，感受化学实验在解决环境、生活和社会问题中的重要作用。

除此之外，实验化学在实现以下教学论功能方面也具有独特的优势：

一是与其他模块内基础、简单的化学实验相比，实验化学模块更能培养学生综合运用所学的化学知识和技能，进行实验设计和综合实验，分析和解决与化学有关的实际问题的能力。

二是强调实验方案设计和评价的实验化学能够更好地帮助学生树立绿色化学思想，培养环境保护意识。

三是实验任务都有一定难度，这就要求小组内同学具有较强的合作意识，很好地分工协作，更有利于培养学生合作学习、团结协作的意识。

四是实验化学具有定性和定量研究相结合的特点，突出实验方法论对化学实验的指导作用，这些都更有利于培养学生严谨的科学态度、批判精神和创新意识。

新课程实验化学模块与其他模块中的化学实验存在着显著的功能差异，只有深入了解这些差异，才能正确理解实验化学模块设置目的和课程取向，进而选取更有效的教学策略，最大限度地实现实验化学的课程价值。例如，教师在实验化学模块的教学中要注意整体构建实验方法体系，渗透科学方法论教育，不能只着眼于某一类实验技能的学习；要多采用实验探究、问题解决为主的教学方式，突出实验方案设计能力的培养，加强实验方案设计的教学，突出理性思维的价值。

（四）化学实验具有提出化学问题的功能

化学实验作为科学实验的一种形式，也是在理性指导下进行的，总是先想后做，想好了再做。想，就是构想实验方案，将理性的东西转化为实验方案，转化成实验方法，主要是实验内容和原理、实验仪器和材料、实验程序和步骤。而化学实验是培养学生提出问题的最佳途径。

◇ 案例 4　浓硫酸的特性

实验：浓硫酸使蔗糖脱水。

学生观察：不仅可看到蔗糖脱水变黑，还可观察到黑色固体体积膨胀，得到蜂窝状的物质，通过触摸可发现反应放热，且有刺激性气味的气体放出。

学生思考：刺激性气味的气体是什么？为什么有气体放出？这里发生了哪些化学反应？这个实验现象为后面讲解浓硫酸的氧化性埋下了伏笔。

◇ 案例 5　铜锌原电池原理

学生通过仔细观察实验后提出：为什么锌电极上也有较多的气泡？为什么与理论有较大的出入？当把铁片放入硫酸铜溶液时，学生通过观察溶液后提出：溶液中为什么会出现了黑色物质？它是如何生成的？如何才能确保出现红色的铜呢？

因此，通过实验并经过细致观察，不仅在科学发现上，而且在化学教学中对于培养学生发现问题、自主学习的能力也有很重要的实际意义。

（五）化学实验具有培养学生绿色环保意识、提升学生综合素质的功能

由于不少实验具有一定的污染性，所以必须重视对其绿色化处理，这不仅可以加强对学生的环保意识教育，保护师生的身体健康，还可以在实验的绿色化过程中对学生进行创新素质的培养。因为要使实验绿色化，需要对实验现象进行创新性的观察，对实验问题进行创新性的分析，然后才能对实验进行创新性的设计，而正是在这个过程中，可以对学生的创新意识、创新精神、创新能力等创新素质进行有效的培养。

化学实验在化学教学中的重要作用之一，就是为学生形成各种理性认识提供感性认识材料。形成物质的概念要从揭示物质的性质入手。而物质的性质只有通过化学实验，借助实验手段，在人为控制的条件下使物质发生物理的和化学的变化时显示出来，才能被学生观察认识。例如，氢气、盐酸、甲烷等具体物质的概念就是在一系列化学实验所给出的直观、真实的感性材料的基础上形成的。

化学基本概念(如氧化、电离等)和化学基础理论(如物质结构的理论)在化学教学中占有重要地位,它们的特点是比较抽象。为了帮助学生形成化学概念、理解化学基本理论,也常通过化学实验为学生提供一定的感性认识材料,并在此基础上,引导学生对观察到的宏观现象、化学事实和测得的数据进行研究和处理,经过比较、分类、分析、综合、抽象和概括,形成化学概念和化学理论,从而达到对物质的本质和规律性的认识,在这一过程中,学生的综合素质及人格品质也同时得到提升。

第二节　中学化学实验内容体系

一、现阶段中学化学课程中化学实验的分布情况

化学科学的形成和发展,起源于实验又依赖于实验。所以实验不仅是研究化学科学的重要方法,也是化学教学的重要手段。国外许多中学的化学实验时间占课时总数的30%,有的甚至多达50%;在我国,随着对教育的重视和课程改革的不断深化,化学实验在化学课程中所占的比例也不断增加。

化学实验在《义务教育化学课程标准(2011年版)》中所占比例达到了30.1%(表1-1)。在《普通高中化学课程标准(实验)》中,化学实验分布在必修模块(化学1、化学2)和选修模块(化学与生活、化学反应原理、化学与技术、有机化学基础、物质结构与性质)两部分中,这8个模块对化学实验提出了内容标准和活动探究建议。必修模块(化学1、化学2)中共有实验41个,实验探究14个。另外,在选修模块中还有一个专门的实验化学模块。在高中化学课程"内容标准"和"活动与探究建议"中,都涉及与化学实验有关的内容。

表1-1　"化学课程标准"中化学实验所占比例

年份	课程标准	开设年级	内容标准、活动与探究建议总条目	实验条目	实验比例/%
2011	义务教育化学课程标准	初中	143	43	30.1
2003	普通高中化学课程标准(实验)	高中(必修)	74	31	41.9
		高中(选修)	223	84	37.7

化学实验探究教学是改变学生学习方式的突破口,是化学课程的重要内容。《义务教育化学课程标准(2011年版)》中,要用实验探究来完成的化学实验共有8个,占实验总数的26.7%。《普通高中化学课程标准(实验)》中的"内容标准"明确要求通过探究来完成的实验条目有7个,占"内容标准"实验条目总数的14.29%;

“活动与探究建议”中明确要求通过探究来完成的实验有 18 个，占“活动与探究建议”中实验总数的 27.27%（表 1-2）。可见，“化学课程标准”中的化学实验内容占较大比例，体现了“化学课程标准”对化学实验教学和化学实验探究的重视程度。

表 1-2 《普通高中化学课程标准(实验)》中实验条目的分布情况

课程性质	课程模块名称	涉及实验的“内容标准”条目	明确提出实验的“活动与探究建议”条目
必修课程	化学 1	10	9
	化学 2	2	10
选修课程	化学与生活	4	5
	化学与技术	4	4
	物质结构与性质	3	4
	化学反应原理	6	10
	有机化学基础	8	13
	实验化学	12	11
实验条目合计		49	66
实验条目占总条目的比例		36.30%	40.74%

义务教育阶段的化学实验主要注重培养学生熟悉化学实验的基本过程和方法，使学生获得进一步学习和发展所需要的化学基础知识和基本技能。一方面，2011 年版课程标准注重巩固和强化义务教育新一轮化学课程改革的成果，强调“实验是学生学习化学、进行科学探究的重要途径”；另一方面，2011 年版课程标准在“课程性质”中特别新增了对化学实验的阐述，明确指出：“化学是一门以实验为基础的学科，在教学中创设以实验为主的科学探究活动，有助于激发学生对科学的兴趣，引导学生在观察、实验和交流讨论中学习化学知识，提高学生的科学探究能力。”在“课程内容”中仍以分散的形式将化学实验分布在“科学探究”、“身边的化学物质”、“物质构成的奥秘”、“物质的化学变化”和“化学与社会发展”五个一级主题中，以突出化学实验作为化学课程内容的重要组成部分所具有的特殊地位及其在促进学生科学素养发展方面所具有的重要作用。为了加强对学生实验能力的培养，2011 年版课程标准在一级主题“科学探究”中增加了一个二级主题“完成基础的学生实验”，明确规定了在义务教育化学教学中学生至少应完成 8 项基础实验。

高中阶段根据不同的模块对化学实验提出了不同的要求。总的趋势是：从必修到选修逐渐加强和提高对实验探究能力的培养，在选修课程中，实验朝着科学专门化方向发展。

(1)“化学1”和“化学2”模块:该模块注重训练学生的实验技能和实验方法。其中“化学1”专门设置了“化学实验基础”主题,目的是让学生学习必要的化学实验技能,体验和了解化学学科研究的一般过程和方法,认识实验在化学学习和研究中的重要作用。

(2)“化学与生活”模块:该模块注重学生的积极参与,使学生通过查阅资料、调查访问、参观讨论、实验探究等活动,切实感受化学对人类生活的影响,形成正确的价值观。

(3)“化学与技术”模块:该模块通过调查、实验、分析和讨论交流等途径,强化学生的技术意识、资源意识,使学生认识到实际化工生产的复杂性,进而增强学生的创新意识。

(4)“物质结构与性质”模块:该模块要求学生在理论分析和实验探究过程中学习辩证唯物主义的方法论,逐步形成科学的价值观。

(5)“化学反应原理”模块:该模块要求增强学生探索化学反应原理的兴趣,树立学生学习和研究化学的志向。

(6)“有机化学基础”模块:该模块要求学生认识实验在有机化合物研究中的重要作用,了解有机化学研究的基本方法,掌握有关实验的基本技能。

(7)“实验化学”模块:该模块注重提高学生的实验探究能力,主要针对那些对化学实验感兴趣的学生。

总之,化学实验对于实现中学化学课程目标具有不可替代的作用,学生在设计实验方案、进行实验操作、观察记录实验现象、进行数据处理、获得实验结论的过程中,不仅能获取知识、技能和方法,提高探究能力,还能形成良好的情感态度与价值观。

二、中学化学实验的分类

根据实验内容、实验在认识过程的作用、实验教学形式的不同,中学化学实验有多种分类方法。

(一)按实验内容分类

根据实验内容的不同,化学实验可分为基本操作实验、性质与制备实验、形成化学概念和理论实验、联系实际实验、综合设计实验。

1. 基本操作实验

基本操作实验是构成中学化学实验活动的基本要素,主要有:玻璃管的简单加工与塞子钻孔;玻璃仪器的洗涤与干燥;加热与冷却;研磨、振荡与搅拌;溶解、过滤、蒸发、结晶与升华；蒸馏与萃取；仪器的连接与组装；气体的发生、收集、净化与干燥；溶液浓度的配制等。例如，义务教育阶段化学教学中学生至少应完成的 8 项基础实验之一：粗盐中难溶性杂质的去除。

2. 性质与制备实验

物质的性质与制备实验是学生认识物质及其变化规律的基础。物质的性质包括物理和化学性质。有的物理性质可通过感官直接感知，如颜色、状态、气味等；有的物理性质则要通过实验手段才能获得，如密度、熔点、沸点、溶解度等。物质的化学性质则只能通过实验手段获得。

例如，人教版初中二氧化碳的实验室制取与性质，初步学习氧气和二氧化碳的实验室制取方法；人教版高中《化学 1》氢氧化铁胶体的制备，氯气的漂白性，通过实验探究了解钠、铝、铁、铜等金属及其重要化合物的主要性质，通过实验探究了解氯、氮、硫、硅等非金属及其重要化合物的主要性质；人教版高中《化学 2》几种金属盐的焰色反应；人教版选修《化学与生活》一氧化碳的毒性；人教版选修《化学与技术》用碳酸氢铵和氯化钠制取碳酸钠并对产品进行检验；人教版选修《有机化学基础》通过实验探究比较甲烷、乙烯、乙炔、苯的化学性质，苯酚的化学性质及其检验等。

3. 形成化学概念和理论实验

化学概念和理论是中学化学教学的重要内容，比较抽象，不易理解和接受。如果在教学过程中能以观察到的实验现象为基础，再运用抽象思维对这些现象进行加工整理，概括出物质的本质属性和规律，就可以形成化学基本概念和基本理论。这样不仅有利于学生接受比较抽象的概念和理论，而且有助于培养学生运用科学的方法进行思维加工的能力。这类实验包括物质的组成、结构以及定律实验，化学平衡移动原理实验，电离理论实验，元素周期律实验，以及氧化还原反应实验等。

例如，《化学(九年级上册)》认识质量守恒定律，能说明化学反应中的质量关系；《化学 1》根据实验事实了解氧化还原反应的本质；《化学 2》探究碱金属、卤族元素性质递变规律，结合实验事实认识元素周期律，中和反应和中和热的测定；《化学反应原理》通过实验探究电能与化学能的相互转化，探究不同催化剂对淀粉水解速率的影响等。

4. 联系实际实验

联系生产实际的实验有合成氨、接触法制硫酸、石油分馏和裂解等。这些实验(计算机动画、模型或挂图)有助于学生掌握典型化工生产的基本原理、设备和生产流程，为学生以后参加工农业生产或进一步学习科学技术奠定基础。

例如，《化学(九年级下册)》：设计实验探究农药、化肥对农作物或水生生物生长的影响;《化学 2》用生活中的材料制作简易电池,尿液中葡萄糖的检测;《化学与生活》鲜果中维生素 C 的还原性,食品中的膨化剂、易拉罐的主要成分;《有机化学基础》自制肥皂与肥皂的洗涤作用,蔗糖、纤维素的水解产物等。

5. 综合设计实验

这类实验没有具体的步骤和方法,是学生根据自己的知识水平,独立设计实验方案,并从自拟的实验中得出结论。这类实验对于培养学生的创新精神及实验能力是非常重要的。

例如,《化学(九年级下册)》:小组协作完成当地土壤酸碱性测定的实验,提出土壤改良的建议或适宜的种植方案;《化学 1》设计实验探究市售食盐中是否含有碘元素;《化学 2》设计实验证明某些化学反应的可逆性;《实验化学》金属(或塑料)的电镀,硫酸亚铁铵的制备及纯度测定等。

(二) 按学生的认识过程分类

根据实验在认识过程中的作用,化学实验可分为验证性实验和探究性实验。

1. 验证性实验

验证性实验是证明已知结论的实验。它用于证实或验证所学的化学基本概念、基础理论和化合物知识,是培养实验技能技巧的一种重要手段。

2. 探究性实验

探究性实验是通过做实验,求证假设是否正确的实验。学生通过这类实验,学习提出问题、研究问题、解决问题的途径,学会设计实验过程,观察实验现象,分析、归纳并独立得出实验结论。这种教学形式符合学生的年龄特征和心理特点,也符合认知规律。

(三) 按教学形式分类

根据教学形式的不同,化学实验可分为演示实验、学生实验、随堂实验(边讲边实验)及课外实验。在新课程改革中,倡导"学生亲自动手完成实验",逐渐淡化演示实验和学生实验的分类。

1. 演示实验

演示实验是教师在教学过程中为配合化学教学内容的讲授而面向全体学生进行示范操作的一种教学实验。根据演示实验在教学过程中的不同作用,一般还可进一步分为启发式演示实验、巩固性演示实验和复习性演示实验等。

2. 学生实验

学生实验是指学生在课堂或实验室中为完成实验课题而亲自动手完成的一种教学实验。

3. 随堂实验

随堂实验是教师讲解与学生动手实验相结合的一种教学形式。其特点是以教师为主导，学生为主体，在课堂上让学生亲自动手进行实验。实验中可配演示实验，通过学生自己实验并进行观察和思考，在教师的启发下共同讨论实验的关键性问题，最终通过实验得出相应结论。

4. 课外实验

课外实验包括综合实践活动和家庭实验，主要由学生自己独立设计、规划和完成。实验内容多为与社会、生活、生态环境、资源能源等相关的实际问题，由学生应用所学的化学知识和综合其他学科知识，进行类似于科学研究的实验，尝试解决特定的问题。

三、中学化学实验的基本内容

中学化学实验一般包括五方面内容：基本操作实验、元素及化合物实验、建立基本概念和探究原理实质的实验、联系生产和生活的实验、独立设计实验。

（一）义务教育化学实验内容

1.《义务教育化学课程标准(2011 年版)》中的化学实验内容

在《义务教育化学课程标准(2011 年版)》中，化学实验主要分布在“科学探究”、“身边的化学物质”、“物质构成的奥秘”、“物质的化学变化”和“化学与社会发展”五个主题中。

1）科学探究

①能进行药品的取用、简单仪器的使用和连接、加热等基本的实验操作；②能在教师指导下根据实验目的选择实验药品和仪器，并能安全操作；③初步学会配制一定溶质质量分数的溶液；④初步学会用酸碱指示剂、pH 试纸检验溶液的酸碱性；⑤初步学会根据某些性质检验和区分一些常见的物质；⑥初步学习使用过滤、蒸发的方法对混合物进行分离；⑦初步学习运用简单的装置和方法制取某些气体。

学生的实验活动：学生学习和运用化学实验技能和科学探究方法，离不开实验活动。教师应结合具体的教学内容，积极创造条件，通过多种途径，安排和组织学生至少完成下列化学实验活动：①粗盐中难溶性杂质的去除；②氧气的实验室制取与性质；③二氧化碳的实验室制取与性质；④金属的物理性质和某些化学性质；⑤燃烧的条件；⑥一定质量分数的氯化钠溶液的配制；⑦溶液酸碱性的检验；⑧酸和碱的化学性质。

2）身边的化学物质

(1) 我们周围的空气：①实验探究空气中氧气的体积分数；②实验，氧气和二氧化碳的制取和性质；③实验探究，呼出的气体中二氧化碳的相对含量与空气中二氧化碳相对含量的差异。

(2) 水与常见的溶液：①根据实验现象推断水的组成；②了解或实地调查饮用水源的质量和水净化处理的方法，试验活性炭和明矾等净水剂的净水作用；③利用溶解性表或溶解度曲线，查阅有关物质的溶解性或溶解度，依据给定的数据绘制溶解度曲线；④实验，比较氯化钠、硝酸铵、氢氧化钠三种物质在水中溶解时的放热（或吸热）现象；⑤根据已知比例配制某种无土栽培所需的无机盐营养液。

(3) 金属与金属矿物：①实验，金属的物理性质和某些化学性质；②用实验方法将氧化铁中的铁还原出来；③收集有关钢铁锈蚀造成经济损失的资料，设计实验探究锈蚀的条件，讨论防止锈蚀的方法。

(4) 生活中常见的化合物：①试验某些植物花朵汁液在酸性和碱性溶液中的颜色变化；②使用 pH 试纸检验唾液、食醋、果汁、肥皂水、雨水和土壤溶液等的酸碱性；③自制汽水；④常用铵态氮肥的检验；⑤实验探究酸碱的主要性质。

3) 物质构成的奥秘

(1) 化学物质的多样性：①实验，水的电解；②加热碘固体，观察发生的现象；③实验，粗盐中难溶性杂质的去除。

(2) 微粒构成物质：①实验，比较空气和水在被压缩时的体积变化情况；②观察并解释浓氨水和浓盐酸相互接近时的“空中生烟”现象。

4) 物质的化学变化

(1) 化学变化的基本特征：①设计实验证明加热碱式碳酸铜有新物质生成；②观察二氧化锰、硫酸铜溶液对过氧化氢分解反应的影响；③观察铜锌原电池实验。

(2) 认识几种化学反应：①实验，镁条燃烧、高锰酸钾加热分解；②设计实验证明，氢氧化钠与盐酸能发生化学反应；③实验探究酸溶液、盐溶液与金属发生的置换反应及其规律；④小组协作完成当地土壤酸碱性测定的实验，提出土壤改良的建议或适宜的种植方案。

(3) 质量守恒定律：实验探究化学反应前后的质量关系。

5) 化学与社会发展

(1) 化学与能源和资源的利用：①观察某些燃料完全燃烧和不完全燃烧的现象；②燃烧条件的实验探究；③实验，氢气的燃烧。

(2) 常见的化学合成材料：用简单的实验方法区分棉纤维、羊毛纤维和合成纤维（如腈纶）。

(3) 保护好我们的环境：设计实验，探究农药、化肥对农作物或水生生物生长的影响。

2. 人教版初中化学实验的具体内容

人教版初中化学实验的具体内容见表 1-3。

表 1-3 人教版初中化学实验内容

序号	实验名称	序号	实验名称
1	水的沸腾	48	生石灰与水反应
2	胆矾的研碎	49	甲烷燃烧
3	胆矾溶液与氢氧化钠的反应	50	实验室制取氢气的简易装置
4	石灰石和盐酸反应	51	比较合金和纯金属的硬度
5	闻气体气味的方法	52	金属与盐酸、稀硫酸的反应
6	对蜡烛及其燃烧的探究	53	金属活动性顺序的探究
7	对人体吸入空气和呼出气体的探究	54	铁制品锈蚀的条件探究
8	块状药品的取用	55	蔗糖溶解
9	粉末状药品的取用	56	碘和高锰酸钾在水和汽油中的溶解性
10	溶液的取用及碳酸钠与盐酸反应	57	水和乙醇能否互溶
11	酒精灯的使用和火焰温度的实验	58	乳化现象
12	探究加热液体的正确方法	59	物质溶解吸热或放热现象的探究
13	氢氧化钠与硫酸铜的反应并加热	60	氯化钠、硝酸钾在水中的溶解
14	连接仪器装置	61	溶解度曲线
15	洗涤玻璃仪器	62	自制白糖晶体
16	测定空气中氧气的含量	63	三种浓稀不同的硫酸铜溶液
17	检验氧气的方法	64	配制两种质量分数不同的氯化钠溶液
18	硫、木炭在氧气中燃烧	65	自制汽水
19	细铁丝在氧气中燃烧	66	一定质量分数的氯化钠溶液的配制
20	高锰酸钾制取氧气	67	指示剂在酸、碱溶液中的显色反应
21	验证二氧化锰在实验中的催化作用的实验	68	自制酸碱指示剂
22	过氧化氢溶液制取氧气	69	观察盐酸和硫酸的颜色和状态并闻其气味
23	氧气的实验室制取和性质	70	浓硫酸的腐蚀性实验
24	品红在水中扩散	71	浓硫酸的稀释
25	分子运动现象	72	浓硫酸稀释的错误操作
26	水的净化的探究	73	酸的化学性质的探究
27	用肥皂水区分软水和硬水	74	氢氧化钠的物理性质观察
28	实验室用简易装置制取蒸馏水	75	氢氧化钙和水反应
29	自制简易净水器	76	碱的化学性质的探究
30	氢气的检验	77	物质溶液的导电性
31	纯净氢气在空气中燃烧实验	78	鲜花变色
32	电解水实验	79	叶脉书签
33	对质量守恒定律的探究两个实验	80	中和反应
34	用盐酸和碳酸钠反应验证质量守恒定律	81	用 pH 试纸测溶液 pH 的探究
35	用镁条的燃烧反应验证质量守恒定律	82	测定生活中一些物质的 pH
36	木炭或活性炭的吸附性	83	洗发剂和护发剂的酸碱性探究
37	木炭还原氧化铜	84	酸碱的化学性质
38	实验室制取二氧化碳探究	85	溶液酸碱性的检验
39	二氧化碳的验满	86	碳酸钠、碳酸氢钠和稀盐酸反应
40	二氧化碳的倾倒、阶梯蜡烛熄灭实验	87	碳酸钠溶液和澄清的石灰水反应
41	二氧化碳的溶解性	88	复分解反应发生的条件
42	二氧化碳与水的反应	89	某些酸、碱、盐之间是否发生反应探究
43	二氧化碳的实验室制取与性质	90	探究初步区分氮肥、磷肥和钾肥的方法
44	对燃烧条件的探究	91	粗盐中难溶性杂质的去除
45	灭火的原理	92	认识有机化合物
46	简易灭火器原理	93	聚乙烯塑料的热塑性
47	粉尘爆炸	94	有关保鲜膜的实验

（二）普通高中化学实验内容

1.《普通高中化学课程标准(实验)》中的化学实验内容

在《普通高中化学课程标准(实验)》中，化学实验分布在必修模块(化学1、化学2)和选修模块(化学与生活、化学与技术、物质结构与性质、化学反应原理、有机化学基础、实验化学)两部分中，并提出了实验的内容标准和活动探究建议。实验的活动形式在新课标中没有明确规定为演示实验或学生实验，即新课标将原来化学实验中的演示实验和学生实验融合成一个有机的整体，以建议的形式给出。实验活动的形式是多样的，包括观察实验、实验探究、设计实验、对比实验以及一些未注明活动形式的实验。其中最主要的建议形式为实验与实验探究。

化学 1

主题 1　化学实验基础

(1) 收集不同的水样，测定其 pH，并用图表或数据等表示实验结果。

(2) 实验：粗盐的提纯。

(3) 实验探究：配制一定浓度的溶液，比较不同浓度溶液的某些性质差异。

(4) 设计实验探究市售食盐中是否含有碘元素。

主题 2　常见无机物及其应用

(1) 尝试按不同的方法对物质进行分类。

(2) 实验：溶液中银离子、碳酸根离子、氯离子、硫酸根离子等离子的检验。

(3) 实验：氢氧化铁胶体的制备。

(4) 实验：铝盐和铁盐的净水作用。

(5) 实验：氯气的漂白性。

化学 2

主题 1　物质结构基础

讨论或实验探究：碱金属、卤族元素的性质递变规律。

主题 2　化学反应与能量

(1) 实验：中和反应与中和热的测定。

(2) 实验：用生活中的材料制作简易电池。

(3) 实验探究：温度、催化剂对过氧化氢分解反应速率的影响。

(4) 设计实验：证明某些化学反应的可逆性。

选修 1　化学与生活

主题 1　化学与健康

(1) 实验探究：鲜果中维生素 C 的还原性。

(2) 调查或实验：食品中的膨化剂。

(3) 实验探究：抑酸剂化学成分的检验。

主题 2 生活中的材料

调查或实验:易拉罐的主要成分。

主题 3 化学与环境保护

实验:一氧化碳的毒性。

选修 2 化学与技术

主题 1 化学与资源开发利用

实验:用碳酸氢铵和氯化钠制取碳酸钠,对产品进行检验。

主题 2 化学与材料的制造、应用

(1) 实验:电路板的化学刻蚀。

(2) 实验:用淀粉自制吸水材料,并进行模拟保水实验。

主题 3 化学与工农业生产

测定土壤的酸碱度,讨论改良酸性土壤和碱性土壤的一般方法。

选修 3 物质结构与性质

主题 1 化学键与物质的性质

(1) 实验探究:熔融盐的导电性。

(2) 实验探究:明矾或铬钾矾晶体的生长条件。

主题 2 分子间作用力与物质的性质

实验:“相似相溶”规则的实际应用。

选修 4 化学反应原理

主题 1 化学反应与能量

实验探究:电能与化学能的相互转化。

主题 2 化学反应速率和化学平衡

(1) 实验探究:浓度、温度对硫代硫酸钠溶液与稀硫酸反应速率的影响。

(2) 实验探究:向用硫酸酸化的草酸溶液中逐滴加入酸性高锰酸钾溶液,测定溶液褪色所需时间,讨论溶液褪色先慢后快的可能原因。

(3) 实验探究:不同催化剂对淀粉水解速率的影响。

(4) 实验探究:温度对加酶洗衣粉的洗涤效果的影响。

(5) 实验:温度、浓度对溴离子与铜离子配位平衡的影响。

主题 3 溶液中的离子平衡

(1) 实验:用 pH 计测定中和反应过程中溶液 pH 的变化,绘制滴定曲线。

(2) 实验:测定不同盐溶液 pH,说明这些盐溶液呈酸性、中性或碱性的原因。

(3) 实验探究:促进或抑制氯化铁的水解。

(4) 实验:沉淀的转化。

选修 5 有机化学基础

主题 1 有机化合物的组成与结构

(1) 观察实验:利比希法分析碳氢元素含量的仪器装置与原理。

(2) 实验:甘油中碳、氢元素的检验;氯丁烷中氯元素的检验。

主题 2　烃及其衍生物的性质与应用

(1) 实验探究:比较甲烷、乙烯、乙炔、苯的化学性质。

(2) 观察实验:苯的溴代或硝化反应;甲苯与酸性高锰酸钾溶液的作用。

(3) 实验:乙醇的酯化;醛基的检验;乙酸乙酯的水解。

(4) 实验:苯酚的化学性质及其检验。

(5) 实验:自制肥皂与肥皂的洗涤作用。

主题 3　糖类、氨基酸和蛋白质

(1) 实验探究:蔗糖、纤维素的水解产物。

(2) 实验:酶的催化作用。

(3) 实验:蛋白质的性质。

主题 4　合成高分子化合物

(1) 实验:区别聚乙烯、聚氯乙烯、聚苯乙烯。

(2) 实验:聚苯乙烯的热降解;酚醛树脂的合成。

选修 6　实验化学

主题 1　化学实验基础

(1) 实验:食用色素的提取和层析分离。

(2) 实验:用化学方法(或红外光谱法)检验卤代烷中的卤素。

(3) 实验:用中和滴定法(或气相色谱法)测定食醋中乙酸的含量。

(4) 实验:酸碱反应滴定曲线的绘制。

(5) 实验探究:制备硫酸亚铁的条件。

主题 2　化学实验探究

(1) 实验:用氧化还原滴定法或电化学分析法测定污水中的化学耗氧量。

(2) 比色法测定动物血液或抗贫血药物(或补血剂)中铁的含量。

(3) 实验探究:硫酸铜溶液与镁、铝、锌等活泼金属反应的产物。

(4) 设计实验:金属(或塑料)的电镀。

(5) 设计实验:硫酸亚铁铵的制备及纯度测定。

2. 普通高中化学教材中化学实验的具体内容

在高中化学课程“内容标准”和“活动与探究建议”中都涉及与化学实验有关的内容。与化学实验有关的内容约占“内容标准”总条目的 36.30%,化学实验活动占“活动与探究建议”总数的 40.74%。

新课程教材中化学实验已成为高中化学课程的重要内容,专门设置的《实验化学》选修模块,强化了化学学科的特征,有助于提高学生的化学实验能力。

普通高中化学教材中化学实验的具体内容见表 1-4～表 1-30。

表 1-4　人教版必修《化学 1》、《化学 2》中的实验内容

化学 1	第一章 从实验学化学	第一节	粗盐的提纯和验纯、蒸馏和萃取（水、碘）
		第二节	配制 NaCl 溶液
	第二章 化学物质及其变化	第一节	
		第二节	离子反应实验（$CuSO_4$、NaCl、$BaCl_2$、Na_2CO_3、NaOH 溶液）
		第三节	
	第三章 金属及其化合物	第一节	钠的性质实验、铝和 NaOH 反应实验
		第二节	金属氧化物与盐酸反应、$Fe(OH)_3$生成实验、$Al(OH)_3$两性实验、焰色反应
		第三节	
	第四章 非金属及其化合物	第一节	Na_2SiO_3性质实验
		第二节	氯气与氢气反应、氯水漂白作用、氯离子检验
		第三节	SO_2性质实验
		第四节	浓硫酸与铜反应、氨水喷泉实验
化学 2	第一章 物质结构　元素周期律	第一节	卤素单质间的置换反应
		第二节	科学探究：钾、钠、镁活泼性比较
		第三节	钠与氯气反应
	第二章 化学反应与能量	第一节	放热反应与吸热反应[HCl＋Al、$Ba(OH)_2$＋NH_4Cl、HCl＋NaOH]
		第二节	铜锌原电池
		第三节	化学反应速率影响因素（H_2O_2、$FeCl_3$）、化学反应限度实验（$CaCl_2$、Na_2SO_4、Na_2CO_3）
	第三章 有机化合物	第一节	科学探究：甲烷的取代反应
		第二节	科学探究：乙烯的制取及性质实验、苯的性质实验
		第三节	乙醇与钠的反应、乙醇燃烧、乙醇酯化
		第四节	糖和蛋白质特征反应
	第四章 化学与可持续发展	第一节	铝热反应、海带中碘元素检测
		第二节	

表 1-5　人教版选修《化学与生活》中的实验内容

第一章 关注营养平衡	第一节	葡萄糖的还原性、科学探究：淀粉的水解
	第二节	
	第三节	蛋白质性质（盐析、变性、颜色反应）
	第四节	

续表

第二章 促进身心健康	第一节	
	第二节	科学探究：实验证明某种抗酸药的有效成分
第三章 探索生活材料	第一节	
	第二节	科学探究：铁钉的腐蚀
	第三节	
	第四节	科学探究：聚乙烯塑料的软化与熔化 科学探究：纤维的性质
第四章 保护生存环境	第一节	
	第二节	
	第三节	

表 1-6　人教版选修《化学与技术》中的实验内容

第一章 走进化学工业	第一节	
	第二节	铁催化氨气的合成
	第三节	科学探究：氨碱法制纯碱
	第四节	
第二章 化学与资源开发利用	第一节	水的净化：混凝法；科学探究：水的软化
	第二节	
第三章 化学与材料的发展	第一节	玻璃主要成分的酸碱性
	第二节	电镀实验
	第三节	聚氯乙烯的焦化、分解；聚乙烯的弹性和熔化、冷却固化
第四章 化学与技术的发展	第一节	
	第二节	科学探究：表面活性剂对水的表面张力的影响及性质；制肥皂 科学探究：肥皂与合成洗涤剂的性质比较

表 1-7　人教版选修《物质结构与性质》中的实验内容

第一章 原子结构与性质	第一节	
	第二节	
第二章 分子结构与性质	第一节	
	第二节	晶体水溶液的颜色，硫酸铜与氨水的反应 氯化铁与硫氰化钾的反应 实践活动：用 Chemsketch 制作分子立体模型
	第三节	

续表

第三章 晶体结构与性质	第一节	碘的升华
	第二节	
	第三节	
	第四节	明矾晶体的制备;“热袋”的秘密

表 1-8 人教版选修《化学反应与原理》中的实验内容

第一章 化学反应与能量	第一节	中和反应热的测定
	第二节	
	第三节	
第二章 化学反应速率和化学平衡	第一节	锌与硫酸反应速率
	第二节	高锰酸钾溶液和草酸溶液反应速率(浓度) 硫代硫酸钠和硫酸溶液不同温度的反应速率 科学探究:反应时间与温度的关系 H_2O_2的分解(催化剂) 科学探究:催化剂对反应速率的影响
	第三节	$K_2Cr_2O_7$溶液、$FeCl_3$溶液和 KSCN(浓度对化学平衡的影响) NO_2与 N_2O_4(温度对化学平衡的影响)
	第四节	
第三章 水溶液中的离子平衡	第一节	盐酸和乙酸与镁条反应 乙酸和硼酸与碳酸钠的反应
	第二节	实验测定酸碱滴定曲线
	第三节	科学探究:测试盐溶液的酸碱性 科学探究:$FeCl_3$的水解条件
	第四节	$Mg(OH)_2$和蒸馏水及盐酸和氯化铵的反应(沉淀的溶解) $AgNO_3$、$Mg(OH)_2 \rightarrow Fe(OH)_3$沉淀的转化
第四章 电化学基础	第一节	铜锌原电池 科学探究:自制原电池
	第二节	
	第三节	电解池实验
	第四节	铁的腐蚀 科学探究:阴极保护法

表 1-9　人教版选修《有机化学基础》中的实验内容

第一章 认识有机化合物	第一节	
	第二节	
	第三节	
	第四节	含有杂质的工业乙醇的蒸馏 苯甲酸的重结晶 科学探究：粉笔分离菠菜叶中的色素
第二章 烃和卤代烃	第一节	乙炔的实验室制取
	第二节	苯和甲苯与高锰酸钾溶液的反应(氧化)
	第三节	溴乙烷在 NaOH 溶液中的取代反应
第三章 烃的含氟衍生物	第一节	乙醇的消去反应 乙醇与重铬酸钾溶液的反应(氧化反应) 苯酚的酸性和取代反应
	第二节	乙醛的银镜反应(乙醛的氧化)
	第三节	科学探究：设计乙酸、碳酸、苯酚的酸性强弱验证实验 科学探究：乙酸乙酯的水解速率的影响因素(酸碱性不同)
	第四节	
第四章 生命中的基础 有机化学物质	第一节	
	第二节	科学探究：设计实验证明果糖的还原性 葡萄糖的银镜反应(还原性)；蔗糖水解液的还原性；化学方法水解淀粉的条件
	第三节	蛋白质盐析、变性、颜色反应实验
第五章 进入合成有机高分子化合物的时代	第一节	
	第二节	酚醛树脂的制备及性质
	第三节	科学探究：高吸水性树脂——“尿不湿”吸水性的实验

表 1-10　人教版选修《实验化学》中的实验内容

第一单元 从实验走进化学	制备 $Fe(OH)_2$ 白色沉淀 “蓝瓶子”实验(亚甲基蓝与亚甲基白的转化) 水的电解与氢氧混合气爆鸣的微型实验 氯气制备与性质(微型实验) 电浮选凝聚法处理污水(微型实验)

续表

第二单元 物质的获取	1. 物质的分离与提纯 (1) 纸上层析分离 $FeCl_3$ 和 $CuCl_2$ (2) 渗析分离实验(半透膜) (3) 纸上层析分离甲基橙和酚酞 (4) 海水的蒸馏 (5) 从海带中提取碘 2. 物质的制备 (1) 泡沫塑料加热分解 (2) $AlCl_3$ 与 NaOH 溶液的反应 (3) 硫酸亚铁铵的制备(减压抽滤) (4) 乙酸乙酯的制备与反应条件探究 (5) 氢氧化铝的制备 (6) 利用废铜屑制备硫酸铜 (7) 制金属镀件(电镀)
第三单元 物质的检测	(1) 检测市售"胃舒平"中的淀粉 (2) 鉴别 NaCl、$BaCl_2$、Na_2CO_3、$CuSO_4$ 白色粉末 (3) 几种无机离子的检验[NH_4NO_3、$(NH_4)_2SO_4$、Na_2SO_4、NaCl、无水 $CuSO_4$ 固体；Fe^{3+}、Al^{3+}、Ag^+、Ba^{2+} 的混合溶液] (4) 几种有机物的检验(酒精、白醋、香蕉水)；汽油样品是否含不饱和烃；葡萄糖和淀粉；织物的成分：纯毛、纯棉或化纤；工业废水中是否含有苯酚 (5) 植物体中的某些元素的检验(几种常见的离子检验方法) (6) 酸碱中和滴定法测量氢氧化钠溶液的浓度(测量误差和有效数字) (7) 用比色法测定自制硫酸亚铁铵的纯度 (8) 酸碱滴定曲线的测绘(pH 计的使用) (9) 比色法测定抗贫血药物中铁的含量 (10) 食醋中总酸量的测定；胃药中抑酸剂含量的测定；不同土壤样本的 pH；蛋壳主要成分的检测
第四单元 研究型实验	(1) 纯净物与混合物性质的比较 (2) 金属镁、铝、锌化学性质的探究[$Zn(OH)_2$ 性质研究，金属与金属氧化物性质研究，盐的性质研究] (3) 含氯消毒液性质、作用的探究(日常洗涤或消毒用品的研究) (4) 饮料的研究 综合实验设计 (1) 启普发生器与简易气体发生装置 (2) 喷泉实验(氨气的溶解度) (3) 空瓶生烟 (4) 气球自胀 (5) 自制 U 形气压计 (6) 自制微型导电测试笔 (7) 化学传感器

表 1-11　苏教版必修《化学 1》中的实验内容

专题	单元	实验名称
1　化学家眼中的物质世界	1　丰富多彩的化学物质	溶液胶体在光照下的现象(探) 溶液的导电性实验(观)
	2　研究物质的实验方法	四氯化碳萃取溴的实验(观) 一些物质的检验方法(氯化铵、硫酸铵、氯化钾、硫酸钾)(探) 配制一定物质的量浓度的溶液 (探)
2　从海水中获得的化学物质	1　氯、溴、碘及其化合物	电解饱和食盐水(观) 潮湿氯气的漂白作用(探) 溴、碘的提取(探)
	2　钠、镁及其化合物	钠的性质实验(观) 碳酸钠与盐酸的反应(探) 区别碳酸钠和碳酸氢钠的实验(探) 电解质溶液的导电性实验 (探) 镁的性质实验(观)
3　从矿物到基础材料	1　从铝土矿到铝合金	氢氧化铝的两性实验(探) 铝与氢氧化钠的反应(观) 铝的性质实验(探)
	2　铁、铜的获取及利用	Fe^{2+}、Fe^{3+}的相互转化(探) $FeCl_3$与铜的反应(探) 铁丝生锈的条件(探)
4　硫、氮和可持续发展	1　含硫化合物的性质和应用	二氧化硫的性质实验 (观) 浓硫酸的性质实验(观)
	2　生产生活中的含氮化合物	铵盐的性质实验(观) 硝酸的性质实验(探)

表 1-12　苏教版必修《化学 2》中的实验内容

专题	单元	实验名称
1　微观结构与物质的多样性	1　核外电子排布与周期律	探究钠、镁、铝的活动性强弱(探)
2　化学反应与能量转化	1　化学反应速率与反应限度	比较 Na_2CO_3、$NaHCO_3$与盐酸反应的速度 (观) 分析影响过氧化氢分解反应速率的因素(探) $FeCl_3$与 KI 溶液反应程度的实验(探) 铜与 $AgNO_3$溶液反应程度的实验 (探)
	2　化学反应中的热量	分别感受镁条与盐酸、氢氧化钠与氯化氨反应放出的热量(探)
	3　化学能与电能的变化	化学能转化为电能的实验(探) 制作简易电池 (探) 电解氯化铜溶液的实验(观)

续表

专题	单元	实验名称
3　有机化合物的获得与应用	1　化石燃料与有机化合物	甲烷的性质实验(观) 石油的蒸馏（观） 乙烯的性质实验(探)
	2　食品中的有机化合物	钠的保存方法、铜丝与无水乙醇（观） 乙酸的性质实验(探) 油脂的水解(探) 葡萄糖的银镜反应(探) 蛋白质的性质实验(鸡蛋清)(观)
4　化学科学与人类文明	1　化学是认识和创造物质的科学	天然纤维制成化学纤维（观）
	2　化学是社会可持续发展的基础	用铜箔在树脂板上绘制电路板(探)

表 1-13　苏教版选修《有机化学基础》中的实验内容

专题	单元	实验名称
3　常见的烃	2　芳香烃	苯的溴化、硝化实验(观) 认识苯的同系物的性质（观）
4　烃的衍生物	1　卤代烃	溴乙烷的性质实验(观)
	2　醇酚	认识乙醇中羟基上氢原子的活泼性（探） 认识乙醇与氢卤酸的反应(观) 观察苯酚在各种条件下的溶解情况（探） 苯酚的弱酸性(探) 苯酚溶液与浓溴水的反应 了解处理含酚废水的方法(探) 水浴加热下，钠与无水乙醇、钠与苯酚的反应(观) 苯和苯酚的溴代反应(观) 认识醛的性质(探) 酚醛树脂的反应(观)
5　生命活动的物质基础	1　糖类　油与脂	研究低聚糖的性质(探) 研究多糖的水解(探) 研究纤维素的性质(观)
	2　氨基酸　蛋白质　核酸	检验氨基酸的方法（探） 蛋白质的性质(探) 认识检验蛋白质的方法(探) 认识酶的催化作用(探)

表 1-14　苏教版选修《化学与反应原理》中的实验内容

专题	单元	实验名称
1　化学反应与能量变化	1　化学反应中的热效应	测定盐酸与氢氧化钠溶液反应的反应热(探)
	2　化学能与电能的变化	电解氯化铜溶液(探)
	3　金属的腐蚀与防护	铁的腐蚀实验(探)
2　化学反应速率与化学平衡	1　化学反应速率	盐酸与碳酸钙反应速率的测定(探)
	2　化学反应的方向和限度	过氧化氢分解反应的实验现象(探) 消石灰与氯化铵的反应(观)
	3　化学平衡的移动	温度变化对 $Co^{2+}+4Cl^{-}=CoCl_4^{2-}$ 平衡影响的实验(探)
3　溶液中的离子反应	1　弱电解质的电离平衡	盐酸与乙酸性质的比较(探)
	2　溶液的酸碱性	氢氧化钠溶液滴定盐酸的实验过程中 pH 变化(探) 测定 NaOH 溶液的物质的量浓度(探)
	3　盐类的水解	推测并测定溶液的 pH (探) $FeCl_3$的水解(探)
	4　沉淀溶解平衡	PbI_2与 $AgNO_3$沉淀溶解平衡(探) AgCl、AgI、Ag_2S 沉淀的转化(探)

表 1-15　苏教版选修《实验化学》中的实验内容

专题	课题	拓展课题
1　物质的分离与提纯	海带中碘元素的分离及检验	茶叶中某些元素的鉴定
	用纸层析法分离铁离子和铜离子	菠菜的叶绿体中色素的提取与分离 用粉笔进行纸层析分离
	硝酸钾晶体的制备	粗盐的提纯
2　物质性质的探究	铝及其化合物的性质	铝热反应
	乙醇和苯酚的性质	苯酚与甲醛的反应
3　物质的检验与鉴别	牙膏和火柴头中某些成分的检验	新装修居室内空气中甲醛浓度的测定 汽车尾气成分的检验
	亚硝酸钠和食盐鉴别	真假碘盐的鉴别
4　化学反应条件的控制	硫代硫酸钠与酸反应速率的影响因素	“蓝瓶子”实验
	催化剂对过氧化氢分解反应速率的影响	过氧化氢酶的催化作用 蔗糖的燃烧
	反应条件对化学平衡的影响	淀粉与碘的显色现象 压强对化学平衡的影响

续表

专题	课题	拓展课题
5　电化学问题研究	原电池	干电池模拟实验
	电解和电镀	阿伏伽德罗常数的测定
6　物质的定量分析	食醋总酸含量的测定	配制并标定氢氧化钠溶液
	镀锌铁皮锌镀层厚度的测定	水果中维生素 C 含量的测定

表 1-16　苏教版选修《物质结构与性质》中的实验内容

专题	单元	实验名称
3　微粒间作用力与物质性质	1　金属键　金属晶体	小球在平面内的不同排列方式(探)
4　分子空间结构与物质性质	2　配合物是如何形成的	归纳配合物的性质(观)

表 1-17　苏教版选修《化学与生活》中的实验内容

专题	单元	实验
1　洁净安全的生存环境	1　空气质量的改善	模拟温室效应(观) 测定水体的 pH(探)
	3　生活垃圾的分类处理	塑料的裂解(探)
	4　化学用品的安全使用	比较过氧乙酸和乙酸的性质差异(探) 检验加碘盐中碘的存在(探)
2　营养均衡与人体健康	1　摄取人体必需的化学元素	淀粉水解液与 $Cu(OH)_2$反应(探) 了解维生素 C 的检验方法(探) 用纸层析法分析色素(探)
	4　造福人类健康的化学药物	“胃舒平”中主要成分的检验(探)
3　丰富多彩的生活材料	1　应用广泛的金属材料	金属铝的性质实验(探)
	2　功能各异的无机非金属材料	制作一个镀银小试管(探)
	3　高分子材料和复合材料	塑料制品的修补与黏结(探)

表 1-18　苏教版选修《化学与技术》中的实验内容

专题	单元	实验名称
1　多样化的水处理技术	2　硬水软化	测定硬水的 pH (探)
2　从自然资源到化学品	2　氯碱生产	电解饱和食盐水(探)

续表

专题	单元	实验名称
3　让有机反应为人类造福	3　纤维素的化学加工	纤维素水解(观) 纤维素硝酸酯的合成(探)
	4　有机高分子合成	比较纸尿布在不同条件下的吸水性(探)
4　材料加工与性能优化	1　材料的加工处理	铝的阳极氧化(探) 简易电镀(探) 氢氟酸蚀刻玻璃(探) 电路板的制作(探)
	2　材料组成的优化	草酸亚铁的分解(探)
5　为现代农业技术添翼	1　土壤酸碱性的改良	测定学校附近农田土壤的 pH (探)
	3　无土栽培技术	营养液配制与无土栽培实验(探)
6　从污染防治到绿色化学	1　环境污染的化学防治	聚苯乙烯解聚的实验(探)

表 1-19　鲁教版必修《化学 1》中主要的实验内容(1)

观察·思考	章节
观察金属钠的物理性质及钠与水反应的现象	第一章　认识化学科学 第二节　研究物质性质的方法和顺序
稀硫酸与氢氧化钡在水溶液中的反应	第二章　元素与物质世界 第二节　电解质
氨的性质	第三章　自然界中的元素 第二节　氮的循环
铵盐的性质	第三章　自然界中的元素 第二节　氮的循环
硝酸的性质	第三章　自然界中的元素 第二节　氮的循环
硫单质的性质	第三章　自然界中的元素 第三节　硫的转化
金属镁的还原性	第三章　自然界中的元素 第四节　海水中的化学元素
溴单质和碘单质的物理性质	第三章　自然界中的元素 第四节　海水中的化学元素
金属铝的还原性	第四章　元素与材料世界 第二节　铝、金属材料
氢氧化铝与酸、碱溶液的反应	第四章　元素与材料世界 第二节　铝、金属材料

表 1-20 鲁教版必修《化学 1》中主要的实验内容(2)

活动·探究	章节
金属钠与氧气反应的实验	第一章 认识化学科学 第二节 研究物质性质的方法和顺序
案例:研究氯气的性质	第一章 认识化学科学 第二节 研究物质性质的方法和顺序
一定体积溶液的组成	第一章 认识化学科学 第三节 化学中常用的物理量——物质的量
单质、氧化物、酸、碱和盐之间的相互关系	第二章 元素与物质世界 第一节 元素与物质的分类
氧化还原反应的实质	第二章 元素与物质世界 第三节 氧化剂与还原剂
铁及其化合物的氧化性和还原性	第二章 元素与物质世界 第三节 氧化剂与还原剂
碳酸钠和碳酸氢钠的化学性质	第三章 自然界中的元素 第一节 碳的多样性
模拟溶洞的“形成”	第三章 自然界中的元素 第一节 碳的多样性
不同价态硫元素间的转化	第三章 自然界中的元素 第三节 硫的转化
氯、溴和碘单质的氧化性强弱比较	第三章 自然界中的元素 第四节 海水中的化学元素

表 1-21 鲁教版必修《化学 2》中主要的实验内容(1)

观察·思考	章节
预测金属钾的性质	第一章 原子结构与元素周期表 第三节 元素周期表的应用
温度对化学平衡的影响	第二章 化学键 化学反应与能量 第二节 化学反应的快慢和限度
甲烷的性质	第三章 重要的有机化合物 第一节 认识有机化合物
乙烯的性质	第三章 重要的有机化合物 第二节 石油和煤 重要的烃

续表

观察·思考	章节
苯能与酸性 $KMnO_4$ 溶液或溴水反应吗	第三章　重要的有机化合物 第二节　石油和煤　重要的烃
乙酸与乙醇的反应	第三章　重要的有机化合物 第三节　饮食中的有机化合物
葡萄糖的性质	第三章　重要的有机化合物 第三节　饮食中的有机化合物
蛋白质的性质	第三章　重要的有机化合物 第三节　饮食中的有机化合物
有机高分子化合物的基本性质	第三章　重要的有机化合物 第四节　塑料　橡胶　纤维

表 1-22　鲁教版必修《化学 2》中主要的实验内容(2)

活动·探究	章节
第三周期元素原子得失电子能力的比较	第一章　原子结构与元素周期表 第三节　元素周期表的应用
感受化学反应中的能量变化	第二章　化学键　化学反应与能量 第一节　化学键与化学反应
认识化学反应的快慢	第二章　化学键　化学反应与能量 第二节　化学反应的快慢和限度
氯气的制取	第二章　化学键　化学反应与能量 第三节　化学反应的利用
原电池的工作原理	第二章　化学键　化学反应与能量 第三节　化学反应的利用
乙醇的化学性质	第三章　重要的有机化合物 第三节　饮食中的有机化合物
乙酸具有酸性	第三章　重要的有机化合物 第三节　饮食中的有机化合物
乙酸乙酯的水解	第三章　重要的有机化合物 第三节　饮食中的有机化合物

表 1-23　鲁教版选修《实验化学》中的实验内容

主题 1　物质的分离	课题 1　盐的精制	活动 1　粗食盐水的精制 活动 2　硝酸钾粗品的提纯
	课题 2　植物中某些成分的提取	活动 1　从海带中提取碘 活动 2　菠菜中色素的提取与分离
	综合实验活动	从茶叶中提取咖啡因
	主题拓展	分离技术在生产中的应用
主题 2　物质性质及反应规律的研究	课题 1　研究物质性质的基本方法	活动 1　锌及其化合物性质的研究 活动 2　有机化合物性质的研究
	课题 2　认识发生在盐溶液中的化学反应	活动 1　认识盐类的水解 活动 2　研究电解
	综合实验活动	反应条件对化学反应的影响
	主题拓展	现代实验技术在研究物质性质及反应规律中的应用
主题 3　物质的检测	课题 1　物质组分的检验	活动 1　常见离子的检验 活动 2　常见官能团的检验
	课题 2　物质中某组分含量的测定	活动 1　食醋中总酸量的测定 活动 2　补铁剂中铁含量的测定
	综合实验活动	阿司匹林药片有效成分的检测
	主题拓展	现代仪器分析方法及其应用
主题 4　物质的制备	课题 1　实验室制备日用化学品	活动 1　肥皂的制备 活动 2　纯碱的制备
	课题 2　实验室制备化工原料	活动 1　乙酸乙酯的制备 活动 2　氨氧化法制硝酸
	综合实验活动	酿制米酒
	主题拓展	从实验室到工厂——化工过程开发

表 1-24　鲁教版选修《化学与技术》中的实验内容(1)

观察·思考	章节
实验室中用氨氧化法制硝酸	主题 1　空气资源　氨的合成 课题 3　氨氧化法制硝酸
电解饱和食盐水	主题 2　海水资源　工业制碱 课题 2　氯碱生产

续表

观察·思考	章节
实验室中用接触法制硫酸	主题 3　矿山资源 硫酸与无机材料制造 课题 1　“设计”一座硫酸厂
煤的干馏	主题 4　化石燃料 石油和煤的综合利用 课题 3　煤的综合利用

表 1-25　鲁教版选修《化学与技术》中的实验内容(2)

活动·探究	章节
设计实验制取碳酸氢钠	主题 2　海水资源　工业制碱 课题 3　纯碱制造技术的发展

表 1-26　鲁教版选修《有机化学基础》中的实验内容(1)

观察·思考	章节
乙炔与溴的四氯化碳溶液、酸性 $KMnO_4$ 溶液的反应	第一章　有机化合物的结构与性质　烃 第三节　烃
乙醇发生的消去反应	第二章　官能团与有机化学反应　烃的衍生物 第二节　醇和酚
蔗糖的性质	第二章　官能团与有机化学反应　烃的衍生物 第三节　醛和酮　糖类
纤维素的水解	第二章　官能团与有机化学反应　烃的衍生物 第三节　醛和酮　糖类
分子中卤素原子转化成羟基的反应	第三章　有机合成及其应用　合成高分子化合物 第一节　有机化合物的合成

表 1-27　鲁教版选修《有机化学基础》中的实验内容(2)

活动·探究	章节
苯酚的主要化学性质	第二章　官能团与有机化学反应　烃的衍生物 第二节　醇和酚
醛和酮的鉴别	第二章　官能团与有机化学反应　烃的衍生物 第三节　醛和酮　糖类
肥皂的制备	第二章　官能团与有机化学反应　烃的衍生物 第四节　羧酸　氨基酸和蛋白质
案例：医用胶单体的结构确定	第三章　有机合成及其应用　合成高分子化合物 第二节　有机化合物结构的测定
塑料制品的标识	第三章　有机合成及其应用　合成高分子化合物 第三节　合成高分子化合物

表 1-28　鲁教版选修《化学反应原理》中的实验内容(1)

观察·思考	章节
电解质溶液的导电能力一样吗	第三章　物质在水溶液中的行为 第一节　水溶液
PbI_2固体的溶解平衡	第三章　物质在水溶液中的行为 第三节　沉淀溶解平衡
ZnS 转化为 CuS	第三章　物质在水溶液中的行为 第三节　沉淀溶解平衡

表 1-29　鲁教版选修《化学反应原理》中的实验内容(2)

活动·探究	章节
测定中和反应的反应热	第一章　化学反应与能量转化 第一节　化学反应的热效应
电解食盐水	第一章　化学反应与能量转化 第二节　电能转化为化学能——电解
电镀	第一章　化学反应与能量转化 第二节　电能转化为化学能——电解
锌与 $CuSO_4$溶液反应中的能量变化与能量转换	第一章　化学反应与能量转化 第三节　化学能转化为电能
温度对化学平衡的影响	第二章　化学反应的方向、限度与速率 第二节　化学反应的限度
浓度对化学平衡的影响	第二章　化学反应的方向、限度与速率 第二节　化学反应的限度
化学反应速率的表示方法	第二章　化学反应的方向、限度与速率 第三节　化学反应的速率
盐溶液都显中性吗	第三章　物质在水溶液中的行为 第二节　弱电解质的电离　盐类的水解
影响盐类水解平衡的因素	第三章　物质在水溶液中的行为 第二节　弱电解质的电离　盐类的水解
中和滴定法测定强酸强碱溶液的浓度	第三章　物质在水溶液中的行为 第四节　离子反应

表 1-30　鲁教版选修《物质结构与性质》中的实验内容

活动·探究	章节
1～18 号元素的基态原子的电子排布	第一章　原子结构 第二节　原子结构与元素周期表
搭建分子模型	第二章　化学键与分子间的作用力 第二节　共价键与分子的立体结构
等径圆球的堆积方式	第三章　物质的聚集状态与物质性质 第一节　认识晶体

第三节　中学化学实验的要求

一、中学化学实验的基本要求

(一) 明确目的,精心准备

每一个教学实验都有其明确的目的,体现出不同的教学功能。教师要根据教材的内容、学生的年龄特点进行分析,制订具体的实验目的和要求,使学生能分清主次,了解该实验解决什么问题,练习什么基本操作,注意培养自己的何种能力,并在此基础上观察现象、完成操作、获得答案。

一个实验可以用几种不同的方法,为达到上述预期目的,要注意选择最佳的实验方法。此外,教师需要在课前做预备实验,熟悉实验装置和方法,掌握药品的质量和用量,控制实验条件和反应时间,对于正常实验现象和可能出现的问题真正做到心中有数。

(二) 规范操作,注意安全

实验仪器整洁,装置合理、美观,操作规范。教师的实验操作对学生起到示范作用,因此必须规范。而学生要养成良好的实验习惯,培养严肃认真的科学态度,操作也必须规范。规范的操作是获得预期实验结果的保证,也是实验安全的保证。化学实验中所使用的药品大多有毒、可燃、可爆或有腐蚀性,实验时多使用玻璃仪器,有些实验需加热或通电,违反操作规程或药品用量规定,极易发生实验事故。对于可能发生爆炸的实验、有毒气产生的实验,要有防护措施,并预先教给学生一些常见事故的紧急处理措施。

(三) 注意观察现象,培养学生实验能力

化学教学实验能够提供鲜明、准确、生动的感性材料,无论在哪种教学实验中,教师都要注意有意识地指导学生运用多种感官观察实验现象。这种指导不仅使学

生知道观察什么，怎么观察，还能够对学生有启发，激励学生积极思考，帮助学生将感性认识上升为概念和理论，从而促进学生的化学学习。

二、现阶段中学化学实验的新要求

（一）注重实验的科学探究方法

《现代汉语词典》的解释，探究是指“探索研究；探寻追究”，即努力寻找答案，解决问题。从基本意义上说，探究的目的是获得知识、真理。广义的探究是指一切发现和认识活动，广义的探究倾向是人类的天性，人皆有之。狭义的探究专指围绕一个明确的问题或任务进行的科学探究或科学研究的活动。

自然科学研究中的科学探究指的是科学家用来研究自然界并根据研究所获事实证据做出解释的各种方式。中学化学实验中的科学探究指的是学生构建知识，形成科学观念，领悟科学研究方法的各种化学实验活动。

传统的化学实验教学中，一般教师或教材中已提供实验步骤、实验方法等。学生只需按实验步骤做，就可以得出结论，很少有自己的设计和想法，有的干脆采取在黑板上讲实验的方法。这些预先实验或“菜谱”实验没有给学生学习或体会科学过程的机会，根本不存在探究。要培养学生的创新精神，就必须改变学生的接受性的学习方式，倡导新的化学课程标准提出的科学探究性学习方式。探究性学习是与接受性学习相对应的一种学习方式，化学学科中的探究性实验更是体现探究性学习精髓的一种有效途径。在由经验化学向理论化学发展的今天，实验成为学科发展的最现实、最生动、最有效的物质载体，二者有机的结合便是探究性实验教学。探究性实验教学是指在实验过程中，实现让学生亲身经历和体验丰富的探究活动，从而激发学习化学的兴趣，增进对科学的情感，理解科学的本质，学习科学的探究方法，初步形成创新能力（表 1-31）。

表 1-31　实验探究能力的构成要素及其目标

构成要素	目标
发现和提出实验问题能力	能从生活经验或已有化学知识中，经验启发或独立地发现有实验探究价值的问题，并用口头或书面的形式，比较清楚地表述所发现的问题
猜想与假设能力	能主动地或在他人的启发下，对化学实验问题的可能结论大胆提出猜想或假设；能对假设所依据的事实或证据的可靠性进行初步论证
实验设计能力	能根据所要解决的化学实验问题，独立或与他人合作，设计简单的化学实验方案；能对实验方案的可行性进行初步的论证
控制实验条件能力	在实验中，能进行简单的实验条件控制

续表

构成要素	目标
收集证据能力	能用多种方式对化学物质及其变化进行观察和记录；能将观察与思考结合；能对所得的证据运用化学用语、表格、线图等形式处理
得出结论能力	能运用比较、分类、归纳和概括等方法得出结论，或对猜想与假设进行解释
反思与评价 讨论与交流能力	能对结论的可靠性进行简单的评价，能对自己在化学实验活动中的表现进行反思，并独立完成实验报告

（二）注重从三个目标维度开展化学实验

化学课程标准的目标是“进一步提高学生的科学素养”，这就决定了化学实验教学的总目标。其中每一个化学实验都力图同时反映出“知识与技能”、“过程与方法”、“情感态度与价值观”这三个目标维度，而每一个实验侧重点又有所不同。

（1）侧重于学习“知识与技能”的实验：如氧气的性质实验、有关离子的检验的实验，氢氧化铁胶体的制备，铝盐与铁盐的净水作用，氯气的漂白性，碱金属盐的焰色反应等。

（2）侧重于体现“过程与方法”的实验：如二氧化碳的实验室制取、制作典型的离子晶体结构模型，用生活中的材料制作简易电池，尿液中葡萄糖的检测，用淀粉自制吸水材料进行模拟保水实验等。

（3）侧重培养“情感态度与价值观”的实验：如收集不同的水样测定其 pH，测定土壤的酸碱度进而讨论改良酸性土壤和碱性土壤的方法，用氧化还原滴定法或电化学分析法测定污水中的化学耗氧量，用利比希法分析有机化合物中碳氢含量的仪器装置和原理等。

此外，高中必修《化学 1》中专门设置了“化学实验基础”主题，选修课程中也首次设置了“实验化学”模块，这些措施都充分反映出实验是高中化学新课程的重要组成部分，从实验内容选材的角度体现了基础性。

（三）注重实验内容趣味化

化学实验具有动机功能，可以激发学生化学学习的兴趣，这是人们的共识。但过分强调“学科中心”的化学教科书，使化学实验的“学术化”倾向十分明显，往往把实验设计得非常“严肃”、“规范”，因此，过去的化学教学实验相对显得抽象而枯燥乏味。国内外的各种调查显示，很多高中生对化学学习的兴趣正在明显降低，甚至一些学生放弃了化学学习。如此，对于通过化学实验培养学生科学素养的目标就无法实现。因此，增加化学实验的趣味性，成为人们开始关注和研究的一个问题。

现在一些实验在内容的选择、设计和呈现上表现出趣味化的趋势，新教材中采取了“趣味实验”、“课外实验”等新的化学实验形式，如鸣炮庆祝、玻璃棒点火、钢丝点火、滴水生烟、冰块着火、碘时钟反应、“蓝瓶子”实验等。

趣味实验是指以生动、鲜明、新奇的实验现象来引发学生兴趣的一类实验。趣味实验往往是以学生已有的知识为背景，以学习、生活、科技知识为素材展开的。

趣味实验的优势体现在以下几方面：

(1) 趣味实验有助于激发学生学习化学的兴趣，有助于教师创设生动活泼的实验教学情境，而学生对实验的这种浓厚的兴趣是一种潜在的创造力，它可以引导学生对实验进行坚持不懈地探索，从而有所发现、有所创造。

(2) 趣味实验以其丰富的知识背景和趣味性深深地吸引着学生，使学生的思维走向更宽广的空间和更高的高度。

(3) 趣味实验有利于学生实验操作能力的提高，学生亲自完成每一个实验，利用已有的化学知识，在实验过程中获取关于探究的直接经验，增强解决问题的能力和创新意识。

(4) 趣味实验有利于培养学生的开拓创新精神，因为趣味实验大多是一些探索性实验，这为学生想象力、观察力、思维能力、操作能力的充分展示提供了广阔的天地。

总之，趣味实验不仅是培养学生创新能力的一条有效途径，而且是促进学生素质全面提高的重要手段。

趣味实验设计的原则分为以下几种。①科学性原则：科学正确的理论指导，科学制订实验步骤；②简便性原则：仪器简单，操作简便，程序优化；③重复性原则：实验必须能够再现，偶然的结果往往不能说明任何问题；④对照性原则：改变实验条件，可以从正反两方面来实验，从而说明科学事实；⑤简约性原则：步骤简单、实际用量少、实验效果最好；⑥安全性原则：所有实验环节必须保证实验安全。

(四) 注重实验内容的绿色化

资料卡片

绿色化学又称环境无害化学、环境友好化学、清洁化学。顾名思义，绿色化学就是应用化学的技术和工艺，减少乃至消除对人类健康、社区安全和生态环境有害的原料、催化剂、溶剂和试剂、产物、副产物等的使用和产生。“绿色”是环境意识的革命，“绿色化学”则是化学学科的又一次飞跃。

中学化学实验内容的选择、设计和呈现要体现绿色化。一方面，尽量减少污染很严重的实验；另一方面，在实验过程中通过有效的措施，降低化学实验对实验场所和环境的污染。例如，关于一些有毒气体（如氯气、氯化氢气体）的制备实验已经不作为演示实验，有关硫化氢气体的实验已经被删除等。

“化学实验绿色化”即化学实验洁净化，是将绿色化学的基本原理和理念应用于化学实验，其目的是改变“只要有化学实验就会产生环境污染”的现状，要求在满足教学要求的前提下，使设计的化学实验彻底避免或尽量减少使用和产生有害物质，尽量减少化学实验对环境的污染。可见，化学实验绿色化无疑会给学生带来终身影响。

化学实验绿色化的优点体现在以下几方面：

(1) 可培养绿色化学思想。在实验教学中，如果教师演示实验过程中能够做到严格控制药品用量、回收处理废弃物、优化实验装置，尽量不让有毒、有害药品排入环境，那么对学生树立绿色化学思想、培养环保自觉性等方面一定会产生积极影响。

(2) 可学习绿色化学方法。让学生通过从反应原理的选择、装置的设计、尾气的吸收、“三废”的处理等方面参与实验，初步学会在化学实验中减少甚至避免有毒有害物质排放的方法，学会一些简单的处理废弃物的方法，并认识到人类在环境污染面前不是无所作为，从而树立战胜环境污染的信心。

绿色化学的理论和方法是指导化学实验绿色化的根本，要实现化学实验绿色化就必须建立绿色化学的理论，并把它用于实验之中，可从以下几方面加以考虑：

(1) 防止污染优于治理污染。

(2) 最大限度地利用资源设计化学反应，缩短反应时间、节约能源、减少副反应的产生、提高资源的利用率。

(3) 尽量使用或产生无毒无害或毒性小的物质。

(4) 使用不易挥发、无害的溶剂。

(5) 尽量不使用辅助剂或在必须用时选用无毒物质。

(6) 化学品应尽量设计成使用后容易降解为无害物质的用品。

(7) 控制实验条件，防止污染产生。

(8) 用不产生污染的试剂代替有害的试剂。

化学实验绿色化应在以下几方面加强实验改进：

(1) 规范药品用量，提出量化要求。教材实验中选用的一些试剂，教师要从实验绿色化的角度反复实验、仔细研究，对部分实验做适当改进，尽量避免选择和使用有毒害的物质。另外，学生在做实验时有些错误的认识倾向，认为药品用量越多，实验效果越明显。其实，在中学阶段药品用量只要达到一定量，实验效果相差不大，过多地使用药品不仅是浪费，而且从绿色化学角度来说，产生的有毒气体、液体和固体将成为大气污染、水污染和土壤污染的污染源。因此，无论是课堂演示实验还是学生实验都要规范药品用量，尽量提出量化要求。

（2）改进实验装置。利用胶头滴管和注射器等简单器具改进实验装置，既能使反应在密闭体系下进行，避免一些开放性实验造成的污染，又能减少实验的药品消耗和实验次数，节省实验时间。很多会产生毒害物质的实验都可参考这种设计思路进行设计。

化学实验绿色化还可以考虑开发微型化学实验。

资料卡片

微型化学实验(microscale chemical experiment)是 20 世纪 80 年代经济发达国家的高等学校为解决化学专业耗资巨大的“三废”处理问题、实验安全问题及一些试剂价格过于昂贵而发展兴起的一种新实验方法。20 世纪 80 年代初，美国 May 和 Pike 等在基础有机化学实验中将主要试剂在毫摩量级上进行微型制备实验取得了成功，从而掀起了微型化学实验研究与应用的浪潮，对其系统的研究也由此开始。微型化学实验是指在微型化的仪器装置中进行的化学实验，是最近 20 年来发展很快的一种化学实验的新方法、新技术，被誉为“化学实验的革命”。

微型化学实验着眼于环境安全和污染预防的需要，其试剂用量比相应的常规实验节约 90%以上，时间节省 1/3。由于试剂的用量大大减少，因此产生的“三废”量也非常少，基本解决了实验的污染问题，是公认的以尽可能减少试剂获得所需化学信息的实验原理与技术。它的安全性和低成本性更有利于进行设计性、开放性实验的教学，是实现实验绿色化的成功途径之一。

开发微型化学实验具有重要的教育意义。微型化学实验具有减少污染、安全、节约实验经费和时间等优点，有着常规实验无法比拟的教育优势。

（1）最简的实验吸引最多的学生参与：微型化学实验简化了实验装置和实验操作，微型仪器体积更小，携带更方便，价格低廉，有利于每人一套；同时，微型化学实验中用到的某些仪器还可以在日常生活中很容易找到替代品，从而为实验的开展减少了许多仪器上的不便。在实验操作上，微型化学实验省去了常规实验中复杂的仪器装配、拆卸和洗涤，减少了时间对实验开展的限制，教师更愿意应用微型化学实验进行探究性学习的设计和实施，使每一位学生都能够通过实践进行有效的探究。

（2）最低的排废提供最安全的实验环境：微型化学实验反应中产生的“三废”物质非常少，处理较容易，从而大幅度减少了化学实验对周边环境的污染，教师对学生进行实验操作的环境更加放心，学生在实验中也会更加大胆、放松，从而为吸引更多的学生参与化学研究提供机会，其社会效益是显著而长远的。

(3) 最廉的投入换取最佳的教学成效：微型化学实验应用在教育上，效果十分突出，它在知识与技能、过程与方法、情感态度与价值观等方面都对学生有很好的教育作用。微型仪器价格低廉，可以为更多的学生创造动手做实验的机会，提高其实践能力，真正发挥学生在学习中的主体作用，有利于学生构建知识体系。另外，微型化学实验方便学生进行探究活动，在探究过程中，使学生形成敏锐的观察力，培养其创新精神，也有利于学生养成严谨的科学态度。

(4) 使学生牢固树立绿色化学的观念：微型化学实验的开展符合"绿色化学"中不用危险品(reject)、减少用量(reduce)、循环使用(recycle)、回收利用(reuse)的"4R"原则，对于"绿色化学"理念的倡导起了积极的推动作用，是化学教育中培养学生科学素养的一条有效途径。

处理废物：对某些化学试剂进行回收再利用，可以节约资源，降低实验成本，减少污染。对于一些不能回收利用的废弃物，也必须经过适当的处理，不能随意排放。这些实际问题的处理过程，既可以培养学生良好的实验习惯，又能让学生学到实际应用技术。

综合设计实验：化学药品的循环使用是防止污染途径之一，为了达到对化学药品循环使用，可对多个实验进行组合。例如，将气体的发生装置及其与其他物质的反应装置串联合并，进行循环封闭化实验，或者把一些分散的实验串联合并一起做，既可以由单人进行连续操作，缩短实验时间，又能减少气体的外逸，有效地减少反应物的使用及有害物质的排放。

(五) 注重实验内容的生活化

化学实验生活化是指将生活中的典型事例设计成化学实验，使化学教学与日常生活紧密联系。

将"面向全体学生的化学"、"面向公民的化学"这一新课程理念落实到化学教科书，要求化学教科书的内容贴近生活、贴近社会，使学生学习"有用的化学"。因此，中学化学实验的选材不再局限于静态的化学学科经典实验的介绍和验证，而是更加注重从贴近生活、贴近社会的角度选材，安排了很多课外实验，尽可能将实验内容平常化、生活化，如向澄清石灰水吹气，把蛋浸入白醋中，加热试管中的火柴头，灼烧葡萄糖、砂糖和面粉，酸雨危害的模拟，粗盐的提纯，鲜果中维生素 C 的还原性，铁钉锈蚀实验，自制简易净水器，铝盐和铁盐的净水作用，电路板的化学刻蚀，肥皂的制备等。这些实验都是以生活中常见的化学物质或化学现象作为学生的实验内容，不仅可以不断激发学生学习化学的兴趣，而且可以使学生感觉到学了"有用的"化学，化学就在身边，化学在生活中无处不在，从而认识和理解化学学科对个人和社会的贡献和价值，对学生进行"科学的生活"和"生活中的科学"教育。

(1) 选取与化学有关的社会问题为实验内容：在现代社会，化学工业在给人类带来巨大财富的同时，也带来了很多社会性问题，选取这些问题作为实验素材，对于培养学生从科学的观点看待和解决现实生活中的与化学有关的很多问题具有重要的指导作用。例如，收集不同的水样，测定其 pH；测定土壤的酸度，讨论改良酸性土壤和碱性土壤的办法等实验均与人类社会的实际问题密切相关，对于学生的全面发展具有很好的促进作用。

(2) 选取生活和社会中的化学现象作为实验内容：以这些素材为实验内容，有利于激发学生发现和解释身边的化学现象，更有利于激发学生学习化学实验的兴趣。例如，《化学 1》中的铝盐和铁盐的净水作用；《化学 2》中的除水垢等实验涉及的实验现象都是学生所熟悉的。

(3) 选取学生身边常见的物质作为药品：这些学生身边常见的物质可以使学生感觉到，化学就在身边，化学无处不在，这有利于调动学生想去“试一试”的探究兴趣，学生的亲身体验可以让他们深刻感受到自己的生活与化学息息相关，而自己也学到了有用的化学，有一种自豪感，从而激发对化学学习的兴趣。例如，粗盐的提纯、市售食盐中是否含有碘元素等实验中用到的药品就是学生身边的物质。

第二章　中学化学实验基础知识

第一节　中学化学实验基本仪器

一、中学化学实验常见仪器的分类

根据仪器的主要用途的不同，一般可将常见化学实验仪器分为以下八类。

(1) 计量类：用于量度质量、体积、温度、密度等的仪器。这类仪器中多为玻璃量器。主要有滴定管、移液管、量筒、量杯等。

(2) 反应类：用于发生化学反应的仪器，也包括一部分可加热的仪器。这类仪器中多为玻璃或瓷质烧器。主要有试管、烧瓶、蒸发皿、坩埚等。

(3) 容器类：用于盛装或储存固体、液体、气体等各种化学试剂的试剂瓶等。

(4) 分离类：用于进行过滤、分液、萃取、蒸发、灼烧、结晶、分馏等分离提纯操作的仪器。主要有漏斗、分液漏斗、蒸发皿、烧瓶、冷凝器、坩埚、烧杯等。

(5) 固体夹持类：用于固定、夹持各种仪器的用品或仪器。主要有铁夹、铁圈、铁架台、漏斗架等。

(6) 加热类：用于加热的用品或仪器。主要有试管、烧杯、烧瓶、蒸发皿、坩埚等。

(7) 配套类：用于组装、连接仪器时所用的玻璃管、玻璃阀、橡胶管、橡胶塞等用品或仪器。

(8) 其他类：不便归属上述各类的其他仪器或用品。

二、中学化学实验常见仪器的名称和使用

(一) 计量类仪器

1. 温度计

温度计是用于测量温度的仪器。其种类很多，有数码式温度计、热敏温度计等。而实验室中常用玻璃液体温度计。温度计可根据用途和测量精度分为标准温度计和实用温度计两类。标准温度计的精度高，主要用于校正其他温度计。实用温度计是指供实际测温用的温度计，主要有实验温度计、工业温度计、气象温度计、医用温度计等。中学化学实验常用棒式工业温度计。其中酒精温度计的量程为100℃，水银温度计有200℃和360℃两种量程规格。

使用注意事项：

(1) 应选择适合测量范围的温度计。严禁超量程使用温度计。

(2) 测液体温度时，温度计的液泡应完全浸入液体中，但不得接触容器壁，测蒸气温度时，液泡应在液面以上；测蒸馏馏分温度时，液泡应略低于蒸馏烧瓶支管口。

(3) 读数时，视线应与液柱弯月面最高点（水银温度计）或最低点（酒精温度计）水平。

(4) 禁止用温度计代替玻璃棒用于搅拌。用完后应擦拭干净，装入纸套内，远离热源存放。

2. 托盘天平

托盘天平是用来粗略称量物质质量的一种仪器，每架天平都成套配备一盒砝码。

中学实验室常用托盘天平为载重 100g（感量为 0.1g）和 200g（感量为 0.2g）两种。载重又称载物量，是指能称量质量的最大限度。感量是指天平误差，如感量为 0.1g 的托盘天平表示其误差为±0.1g，因此不能用来称量质量小于 0.1g 的物品。

使用注意事项：

(1) 称量前应将天平放置平稳，并将游码左移至刻度尺的零处，检查天平的摆动是否达到平衡。如果已达平衡，指针摆动时先后指示的标尺上左右两边的格数接近相等。指针静止时应指在标尺的中央。如果天平的摆动未达到平衡，可以调节左右螺丝使摆动达到平衡。

(2) 称量物不能直接放在托盘上，应在两个托盘上分别放一张大小相同的同种纸，然后把要称量的试剂放在纸上称量。潮湿或具有腐蚀性的试剂必须放在玻璃容器（如表面皿、烧杯或称量瓶）中称量。

(3) 把称量物放在左盘，砝码放在右盘，砝码要用镊子夹取。先加质量大的砝码，再加质量小的砝码，最后可移动游码，直至指针摆动达到平衡为止。

(4) 称量完毕后，应将砝码依次放回砝码盒中，把游码移回零处。

(二) 反应类仪器

1. 试管

试管可用作少量试剂的反应容器，也可用于收集少量气体。试管根据其用途常分为平口试管、翻口试管和具支试管等。平口试管适用于一般化学反应，翻口试管适合加配橡胶塞，具支试管可作气体发生器，也可作洗气瓶或少量蒸馏用。

试管的大小一般用管外径与管长的乘积（mm×mm）表示，常用的有 10×100、12×100、15×150、18×180、20×200 和 32×200 等。

使用注意事项：

(1) 使用试管时，应根据不同用量选择大小合适的试管。徒手使用试管应用拇、食、中三指握持试管上沿处。振荡时要腕动臂不动。

(2) 盛装液体加热，不应超过容积的 1/3，并与桌面成 45°，管口不要对着自己或他人。若要保持沸腾状，可加热液面附近。

(3) 盛装粉末状试剂，要用纸槽送入管底，盛装粒状固体时，应将试管倾斜，使粒状物沿试管壁慢慢滑入管底。

(4) 夹持试管应在距管口 1/3 处。加热时试管外部应擦干水，不能手持试管加热。加热后，要注意避免骤冷，以防止炸裂。

(5) 加热固体试剂时，管底应略高于管口，加热完毕，应继续固定或放在石棉网上，使其自然冷却。

2. 烧杯

烧杯通常用作反应物量较多时的反应容器。此外也用来配制溶液，加速物质溶解，促进溶剂蒸发等。烧杯的种类和规格较多，中学化学实验常用低型烧杯。为了在使用时便于添加一定量的液体，在一些烧杯外壁上印有白色的容积标线，这种烧杯称为印标烧杯，也称为刻度烧杯。其分度并不十分精确，允许误差一般在±5%，所以在分度表上印有“APPROX”字样，表示“近似容积”，因此不能作量器使用。

烧杯的规格以容积大小表示，常用的有 50mL、100 mL、250mL、500mL 等多种。

使用注意事项：

(1) 烧杯所盛溶液不宜过多，加热时，所盛溶液不能超过容积的 1/3。

(2) 烧杯不能干烧，在盛有液体时才能较长时间加热，但必须垫上石棉网。

(3) 拿烧杯时，要拿外壁，手指勿接触内壁。拿加热时的烧杯，要用烧杯夹。

(4) 需用玻璃棒搅拌烧杯内所盛溶液时，应沿杯壁均匀转动玻璃棒，切勿撞击杯壁与杯底。

(5) 烧杯不宜长期存放化学试剂，用后应立即洗净、晾干、倒置存放。

3. 烧瓶

烧瓶常用作反应物较多且需较长时间加热、有液体参加反应的容器。其瓶颈口径较小，配上塞子及所需附件后，也常用作发生器或气体发生器。烧瓶的用途广泛，因此形式也有多种，中学化学实验常用圆底烧瓶和平底烧瓶两种。

圆底烧瓶一般用作加热条件下的反应容器，而平底烧瓶用作不加热条件下的气体发生器，也常用来装配洗瓶等。由于平底烧瓶底部平面较小，其边缘又有棱，因此应力较大，加热时容易炸裂，一般不用作加热条件下的反应容器。

烧瓶的规格以容积大小表示，常用的有 150mL、250mL 和 500mL 几种。

使用注意事项：

(1) 圆底烧瓶底部厚薄较均匀，可长时间强热使用。

(2) 加热时烧瓶应放置在石棉网上，不能用火焰直接加热。

(3) 实验完毕后，应撤去热源，静置冷却后，再进行处理和洗涤。

4. 蒸馏烧瓶

蒸馏烧瓶属于烧瓶类，不同的是瓶颈部位有一略向下的支管，专门用作蒸馏液体的容器。

蒸馏烧瓶有减压和常压两类。常压蒸馏烧瓶也分支管在瓶颈上部、中部和下部的三种。蒸馏沸点较高的液体选用支管在瓶颈下部的蒸馏烧瓶，沸点较低的则选用支管在上部的蒸馏烧瓶，而支管位于瓶颈中的蒸馏烧瓶常用来蒸馏一般沸点的液体。

蒸馏烧瓶的规格以容积大小表示，常用的有 150mL 和 250mL 两种。

使用注意事项：

(1) 配置附件(如温度计等)时，应选择合适的橡胶塞，特别要注意检查气密性是否良好。

(2) 加热时应放在石棉网上，使其均匀受热。

5. 锥形瓶

锥形瓶又称锥形烧瓶或三角烧瓶。锥形瓶瓶体较长，底大而口小，盛入溶液后，重心靠下，便于手持振荡，所以常用作滴定分析中的滴定容器。实验室也常用它装配气体发生器或洗瓶。

锥形瓶的规格以容积大小表示，常用的有 150mL、250mL 等几种。

使用注意事项：

(1) 振荡时，用右手拇指、食指、中指握住瓶颈，无名指轻扶瓶颈下部，手腕放松，手掌带动手指用力，作圆周形振动。

(2) 锥形瓶需振荡时，瓶内所盛溶液不超过容积的 1/3。

(3) 若需加热锥形瓶中所盛液体时，必须垫上石棉网。

6. 启普发生器

启普发生器常称气体发生器，因 1862 年由荷兰药品商启普(P. J. Kipp，1808—1864)发明而得名，常用作不需加热、由块状固体与液体反应制取难溶性气体的发生装置。

启普发生器由上部的球形漏斗、下部的容器和用单孔橡胶塞与容器相连的带活塞的导气管三部分组成。若加酸量较大，为防止酸液从球形漏斗中溢出，可在球形漏斗上口通过单孔塞连接一个安全漏斗(若加酸量不大，可以不加配安全漏斗)。启普发生器使用非常方便，打开导气管的活塞，球形漏斗中的液体落入容器与窄口上固体接触而产生气体；关闭活塞，生成的气体将液体压入球形漏斗，使固、液体试剂脱离接触而反应暂停，可供较长时间反复使用。

启普发生器的规格以球形漏斗的容积大小表示，常用的有 250mL 和 500mL 两种。

使用注意事项：

(1) 装配启普发生器时，需要在球形漏斗与容器磨砂口之间涂少量凡士林，防止漏气。在容器中部窄口上面加一橡胶圈或垫适量玻璃棉，防止固体落入容器下部，造成事故。

(2) 使用前要检查气密性。

(3) 加入试剂时，先加块状固体。选择大小合适的块状固体试剂，从容器上部排气孔加入，均匀置于球形漏斗颈的周围，塞上带导气管的单孔塞后，打开活塞，再从球形漏斗口加入液体试剂，直至进入容器后又刚好浸没固体试剂，此时关闭导气管上的活塞待用。

(4) 启普发生器禁止加热使用。

(5) 若需更换液体试剂，可将启普发生器放置在实验桌边，使容器下部塞子朝外伸出实验桌边缘，下面用一容积大于球形漏斗的容器接好，再小心打开塞子，务必使液体流入盛接容器，待液体快流尽时，可倾斜仪器使液体全部倒出，塞紧塞子后，才可重新加液。

(6) 启普发生器常用于制取氢气、二氧化碳、硫化氢气体，不能用于制取乙炔和氮的氧化物等气体。

7. 坩埚

坩埚属于瓷质化学仪器，在分析实验中用来灼烧沉淀。中学化学实验还用来灼烧结晶水合物，熔化不腐蚀瓷器的盐类，以及燃烧某些有机物。

瓷质坩埚用于定量分析实验时常需称量，为方便起见，常在坩埚上注明其质量。用于灼烧实验的定量分析前要做灼烧失重的空白实验，若失重超过实验允差，则不能使用。

坩埚的规格以容积大小表示，中学化学实验常用的有 30mL。

使用注意事项：

(1) 做定量实验时，称量过的坩埚和坩埚盖要配套使用。

(2) 瓷坩埚可放在泥三角上用酒精灯直接加热，加热时要用坩埚钳均匀转动。

(3) 热坩埚不要直接放在实验桌面上，要放在石棉网上，并盖好坩埚盖或连同坩埚盖移入保干器中冷却。

8. 滴瓶

滴瓶是盛装实验时需按滴加入液体的容器。滴瓶由带胶帽的磨砂滴管和内磨砂瓶颈的细口瓶组成，最适合存放指示剂和各种非碱性液体试剂。

滴瓶有白色(或称无色)、茶色(或称棕色)两种，其规格均以容积大小表示，常用的有 30mL、60mL、125mL、250mL 等几种。

使用注意事项：

(1) 棕色滴瓶用于盛装见光易变质的液体试剂。

(2) 滴管不能互换使用。滴瓶不能长期盛放碱性液体，以免腐蚀、黏结。

(3) 使用滴管加液时，滴管不能伸入容器内，以免污染试液及碰破滴管尖。

(4) 胶帽老化后不能吸液，要及时更换。

9. 试剂瓶

试剂瓶是实验室中用来盛放各种液体、固体试剂的容器，形状主要有细口、广口之分。试剂瓶只用于常温存放试剂，一般都用钠钙普通玻璃制成。为了保证具有一定强度，试剂瓶瓶壁一般较厚。试剂瓶除分细口、广口外，还有无色、茶色(棕色)两种，有塞、无塞两类。其中有玻璃塞的试剂瓶，无论细口、广口，均应有内磨砂处理工艺。无塞的试剂瓶可不做内磨砂，而配以一定规格的非玻璃塞，如橡胶塞、塑料塞、软木塞等。近年来各类实用的塑料试剂瓶纷纷面市，使这类容器更加丰富。

试剂瓶的规格以容积大小表示，小至 30mL、60mL，大至几千至几万毫升不等。

使用注意事项：

(1) 有塞试剂瓶不使用时，要在瓶塞与瓶口磨砂面之间夹上纸条，防止粘连。如前所述，所有试剂瓶都不能用于加热。

(2) 根据盛装试剂的理化性质选择试剂瓶的一般原则是：盛装固体试剂时，选用广口瓶；盛装液体试剂时，选用细口瓶；盛装见光易分解或变质的试剂时，选用棕色瓶；盛装低沸点易挥发的试剂时，选用有磨砂玻璃试剂瓶；盛装碱性试剂时，选用带橡胶塞试剂瓶等。若试剂具有多项理化指标，则可根据以上原则综合考虑，选择合适的试剂瓶。

(3) 有些特殊试剂(如氢氟酸等)不能用任何玻璃试剂瓶，而选用塑料瓶盛装。

容器类玻璃仪器，除上述几种外，还根据存取液体时的不同要求，另有二口瓶、三口瓶、四口瓶、下口瓶(又称龙头瓶)等各种类型供选用。

(三) 分离类仪器

1. 漏斗

漏斗又称三角漏斗，是用于向小口径容器中加液或配上滤纸作过滤器而将固体和液体混合物进行分离的一种仪器。漏斗有短柄、长柄之分，但都是圆锥体，圆锥角一般为 57°～60°，投影图式为三角形，所以称为三角漏斗。做成圆锥体既便于折放滤纸，在过滤时又便于保持漏斗内液体具有一定深度，从而保持滤纸两边有一定压力差，有利于滤液通过滤纸。

为了使滤液通过滤纸的速度加快，有的漏斗还在圆锥内壁制有数条直渠或弯渠，这类漏斗又称波纹漏斗。中学化学实验常用一般的三角漏斗。

漏斗的规格以上口直径表示，常用的有 40mm、60mm 和 90mm 三种。

使用注意事项：

(1) 过滤时，漏斗应放在漏斗架上，其漏斗柄下端要紧贴盛接容器内壁，滤纸应紧贴漏斗内壁，滤纸边缘应低于漏斗边缘约 5mm，事先用蒸馏水润湿使其中不残留气泡。

(2) 倾入分离物时，沿玻璃棒引流入漏斗，玻璃棒与滤纸三层处紧贴。分离物的液面要低于滤纸边缘。

(3) 漏斗内的沉淀物不得超过滤纸高度的 1/2，便于过滤后洗涤沉淀。

(4) 漏斗不能直火加热。若需趁热过滤，应将漏斗置于金属加热夹套中进行。若无金属夹套，可事先把漏斗用热水浸泡预热后使用。

2. 分液漏斗

分液漏斗用于气体发生器中控制加液，也常用于互不相溶的几种液体分离。分液漏斗有球形、梨形(或锥形)、筒形三种。梨形及筒形分液漏斗多用于分液操作。球形分液漏斗既可用于加液，也常用于分液。

分液漏斗的规格以容积大小表示，常用的有 60mL 和 125mL 两种。

使用注意事项：

(1) 使用前玻璃活塞应涂薄层凡士林，但不可太多，以免阻塞流液孔。使用时，左手虎口顶住漏斗球，用拇指和食指转动活塞控制加液。此时玻璃塞的小槽要与漏斗上的小孔对齐相通，才能使加液顺利进行。

(2) 用作加液器时，漏斗下端不能浸入液面以下。

(3) 振荡时，塞子的小槽应与漏斗上的小孔错位封闭塞紧。分液时，下层液体从漏斗颈流出，上层液体从漏斗口倾出。

(4) 长期不用分液漏斗时，应在活塞面夹一纸条防止粘连，并用一橡皮圈套住活塞，以免失落。

3. 布氏漏斗

布氏漏斗是用于减压过滤的一种瓷质仪器。布氏漏斗常与吸滤瓶配套，吸滤较多量固体时使用。

布氏漏斗的规格以斗径和斗长的乘积(mm×mm)表示，常用的有 20×60、25×65 和32×75三种。

使用注意事项：

(1) 使用布氏漏斗进行减压过滤时，要在漏斗底上平放一张比漏斗内径略小的圆形滤纸，使底上细孔被全部盖住。事先用蒸馏水润湿，特别注意滤纸边缘要与底部紧贴。

(2) 布氏漏斗要用一个大小合适的单孔橡胶塞紧套在漏斗颈上与配套使用的吸滤瓶相连。

4. 吸滤瓶

吸滤瓶又称抽滤瓶,它与布氏漏斗配套组成减压过滤装置,用作盛接滤液的容器。吸滤瓶的瓶壁较厚,能承受一定压力。它与布氏漏斗配套后,一般用抽气机或水流抽气管(又称水流泵或射水泵)减压。在抽气管与吸滤瓶之间常连接一个二口瓶作缓冲器,防止倒流。

吸滤瓶的规格以容积表示,常用的有 250mL、500mL 和 1000mL 等几种。

使用注意事项:

(1) 安装时,布氏漏斗颈的斜口要远离且面向吸滤瓶的抽气嘴。抽滤时速度(用流水控制)要慢且均匀,滤液不能超过抽气嘴。

(2) 抽滤过程中,若漏斗内沉淀物有裂纹,要用玻璃棒及时压紧消除,以保证吸滤瓶的低压,便于吸滤。

5. 干燥管

干燥管可用于干燥气体,或用作从混合气体中除去杂质气体的分离器。干燥管除直形单球外,还有直形双球、U 形管、具支 U 形管、带活塞具支 U 形管等多种。其中带活塞具支 U 形干燥管使用非常方便,不用时可将活塞关闭,防止干燥剂受潮。

干燥管的规格以管外径和全长的乘积(mm×mm)表示。例如,常用直形单球干燥管有 16×100、17×140 和 17×160 等几种。

使用注意事项:

(1) 干燥管内一般应盛放固体干燥剂。选择干燥剂时要根据被干燥气体的性质和要求确定。

(2) 使用直形干燥管时,干燥剂应放置在球体内,两端还应填充少许脱脂棉或玻璃棉。

6. 洗气瓶

洗气瓶是除去气体中所含杂质的一种仪器。含有杂质的气体通过盛于洗气瓶中选定的液体试剂时,在通气鼓泡的过程中,杂质被洗去,同时气体中所含少量固体微粒或液滴也被液体试剂阻留,从而达到净化气体的目的。

洗气瓶的规格以容积大小表示,常用的有 125mL、250mL 和 500mL 几种。

使用注意事项:

(1) 应根据净化气体的性质及所含杂质的性质和要求选择合适的液体洗涤剂。

(2) 使用前应检验洗气瓶的气密性。特别注意不要把进出气体的导管接反。

(3) 洗气瓶不能长时间盛放碱性液体洗涤剂,用后及时将该洗涤剂倒入有橡胶塞试剂瓶存放待用,并用水清洗干净放置。

7. 蒸发皿

蒸发皿是用来蒸发、浓缩溶液或干燥固体的一种瓷质仪器。蒸发皿有带柄和不带柄的两种形式。中学化学实验常用不带柄的蒸发皿。

蒸发皿的规格以口径表示，常用的有 60mm 和 90mm 两种。

（四）配套类仪器、用品

配套类仪器、用品种类繁多，有各种玻璃活塞、管件、二通、三通、橡胶管、橡胶塞等。这里仅对常用的橡胶塞、橡胶管进行简要介绍。

1. 橡胶塞

橡胶塞是用来塞住容器口或钻孔后安装其他仪器的常用配件。塞子的质料较多，一般有玻璃、软木、橡胶三种，近年也有各种塑料塞面市。选用哪种质料的塞子由所接触的物质决定。如果任意一种塞子都可使用，则最好选用橡胶塞，因为它具有一定弹性，不仅便于加工，而且可以使仪器连接得更牢固、严密。

实验室通用白胶塞的规格是按大小端直径和轴向长度由小到大以对应的编号表示，最小的有 000 号，其次是 00 号和 0 号，以后从 1 号逐渐递增至 15 号，塞子由小到大。工业上使用的白胶塞号数还有更大的，无论软木塞、橡胶塞都有编号，号数越大，塞径越大。一般大试管宜配 3 号或 4 号胶塞，烧瓶宜配 5 号或 6 号胶塞。

使用注意事项：

（1）一般使用橡胶塞时，要使橡胶塞一半以上塞进容器为宜。选用橡胶塞，还要估计到钻孔插入玻璃管或容器后会膨大。

（2）盛汽油、乙醚、苯、四氯化碳、二硫化碳等有机试剂及氯、液溴、浓硝酸等无机试剂时都不宜用橡胶塞。

（3）未使用的橡胶塞待用时，要用滑石粉拌并用塑料袋密封保存，防止老化。

2. 橡胶管

橡胶管用于仪器部件的连接或输导气体、液体。常用的有普通橡胶管和医用乳胶管两种。中学实验室多用医用乳胶管，其规格以外径表示，常用的有 6mm、7mm 和 9mm 三种。

使用注意事项：

（1）选择乳胶管时，应根据所连仪器管径大小而定，连接时不能太松，以免漏气或渗液。

（2）向管件导入乳胶管时，可先将管端部分用水润湿，然后将乳胶管套进管件口径一半处，再以手指用力套进，并左右旋转乳胶管使其进入一定深度。

（3）未用的乳胶管应保持清洁、干燥，防止老化黏结。

（五）其他类仪器、用品

1. 冷凝器

冷凝器又称冷凝管，是用来将蒸气冷凝为液体的仪器。冷凝器根据不同使用要求有多种结构不同的类型。内管有直形、蛇形和球形三种。直形冷凝器构造简单，常用于冷凝沸点较高的液体，蛇形冷凝管特别适用于沸点低、易挥发的有机溶剂的蒸馏回收，球形冷凝管两种情况都适用。

冷凝管的规格以外套管长度表示，常用的有200mm、300mm、400mm、500mm和600mm等几种。

使用注意事项：

(1) 使用直形冷凝器时，既可倾斜安装，又可直立使用，而球冷凝管或蛇形冷凝器只能直立使用，否则因球内积液或冷凝液形成断续液柱而造成局部液封，致使冷凝液不能从下口流出。

(2) 冷凝水要从低处流向高处，不能将进水口与出水口接反(注意：冷凝水的流向要与蒸气流向的方向相反)。

2. 应接管

应接管又称牛角管。它与冷凝器配套使用，将蒸馏液导入盛接容器。应接管的弯角约为105°，便于和蒸馏烧瓶支管75°相配，安装后二者保持平行。

应接管的规格以上口外径和长度的乘积(mm×mm)表示，常用的有18×150、25×180和30×200三种。

使用注意事项：

(1) 使用时，应接管的上口与钻孔套在冷凝器下管外的橡胶塞组合。

(2) 应接管的下口部分直接伸入锥形瓶等盛接容器内。

3. 胶头滴管

胶头滴管又称胶帽滴管，是用于吸取或滴加少量液体试剂的一种仪器。胶头滴管由胶帽和玻璃滴管组成，有直形、直形有缓冲球及弯形有缓冲球等几种形式。

胶头滴管的规格以管长表示，常用的有90mm和100mm两种。

使用注意事项：

(1) 握持方法是用中指和无名指夹住玻璃管部分以保持稳定，用拇指和食指挤压胶头以控制试剂的吸入或滴加量。

(2) 用胶头滴管加液时，不能伸入容器，更不能接触容器。

(3) 胶头滴管不能倒置，也不能平放于桌面上，应插入干净的瓶中或试管内。

(4) 胶头滴管用完之后，立即用水洗净。严禁未清洗就吸取另一试剂。

(5) 胶帽与玻璃滴管要结合紧密不漏气，若胶帽老化，要及时更换。

4. 表面皿

表面皿常用于覆盖容器口以防止液体或固体损失。表面皿也常用于热气流蒸发少量液体，用天平称取固体试剂时作容器，在分析化学中也用两块相同大小的表面皿作气室。其规格以表面直径表示，常用的有 60mm 和 100mm 两种。

使用注意事项：

(1) 覆盖容器时，凹面要向上，以免滑落。

(2) 表面皿不可直火加热。

5. 干燥器

干燥器又称保干器，是保持物质干燥的一种仪器。干燥器有常压干燥器和真空干燥器两种。真空干燥器的盖顶有抽气支管与抽气机相连。两种干燥器的器体均分为上下两层。下层(又称座底)放干燥剂，中间放置有孔瓷板，上层(又称座身)放置待干燥的物质。

中学化学实验一般使用常压干燥器，其规格以座身上口直径表示，常用的有 100mm 至 400mm 等多种。

使用注意事项：

(1) 干燥器的盖子和座身上口磨砂部分需涂少量凡士林，将盖子滑动数次以保证涂抹均匀，盖住后严密而不漏气。

(2) 干燥器在开盖、合盖时，左手按住器体，右手握住盖顶玻璃球，沿器体上沿轻推或拉动，切勿用力上提。盖子取下后要仰放桌上，使玻璃球在下，但要注意盖子是否滚动。

(3) 待干燥的物质先盛在容器中，再放置于有孔瓷板上，盖好盖子。

(4) 根据干燥物的性质和干燥剂的干燥效率，选择适宜的干燥剂放在瓷板下面的容器中，所盛量约为容器容积的一半。

(5) 搬干燥器时，必须两手同时拿住盖子和器体，以免打翻干燥器中物质和滑落器盖。

6. 研钵

研钵是用来研磨硬度不大的固体的仪器。研钵有普通型(浅型)和高型(深型)两种。其质料也因用途和研磨固体的硬度不同，有铁质、氧化铝、玛瑙、瓷质和玻璃等数种。各种研钵都附有配套的研杵。

中学化学实验常用瓷质或玻璃研钵，其规格以口径表示，常用的有 60mm 和 90mm 两种。

使用注意事项：

(1) 研磨时，应使研杵在钵内缓慢而稍加压力地转动，不能用研杵上下或左右敲击。

(2) 禁止用研钵研磨撞击易燃易爆的氧化剂等。

中学化学实验基本仪器如图 2-1 和图 2-2 所示。

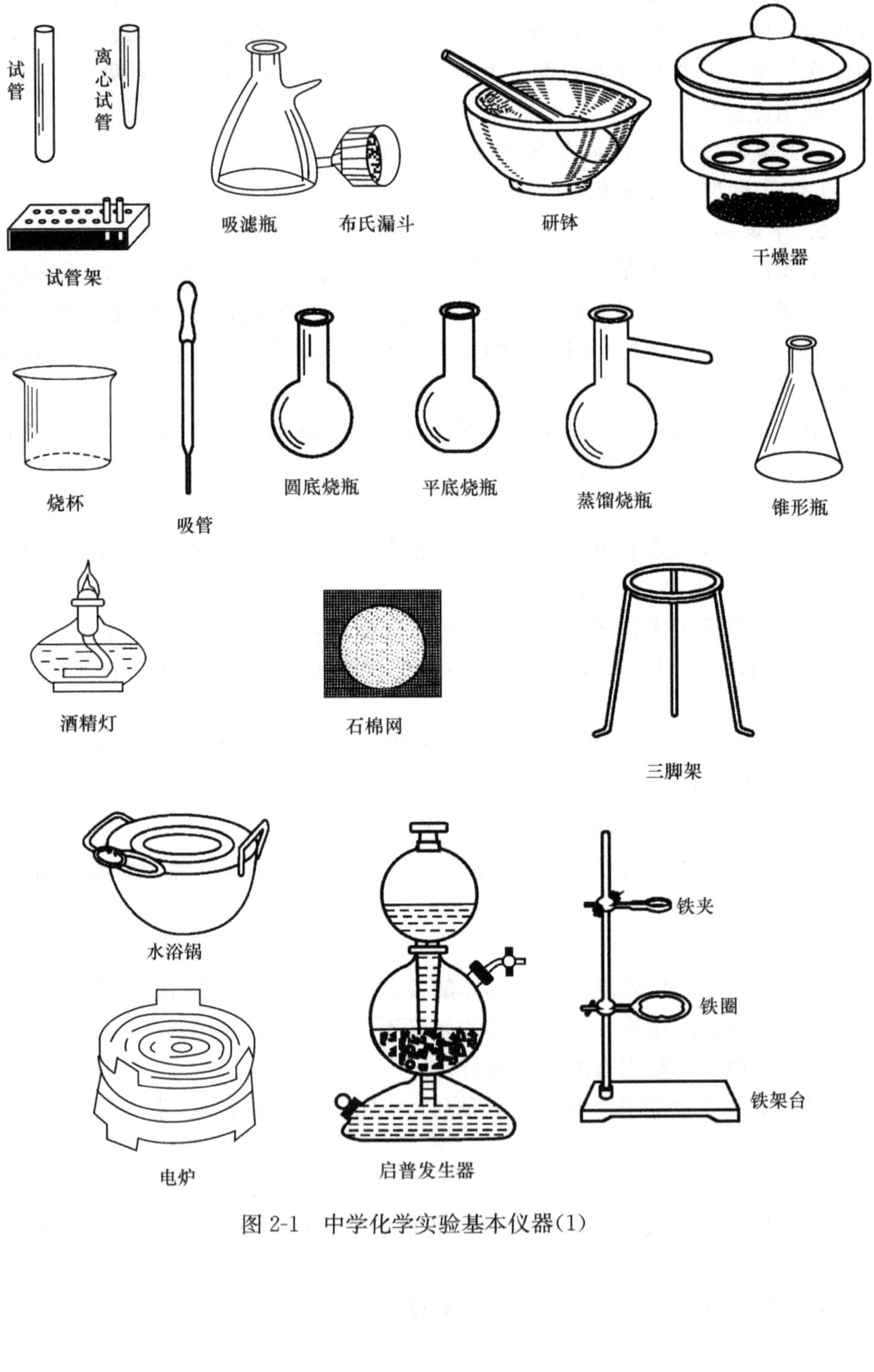

图 2-1　中学化学实验基本仪器(1)

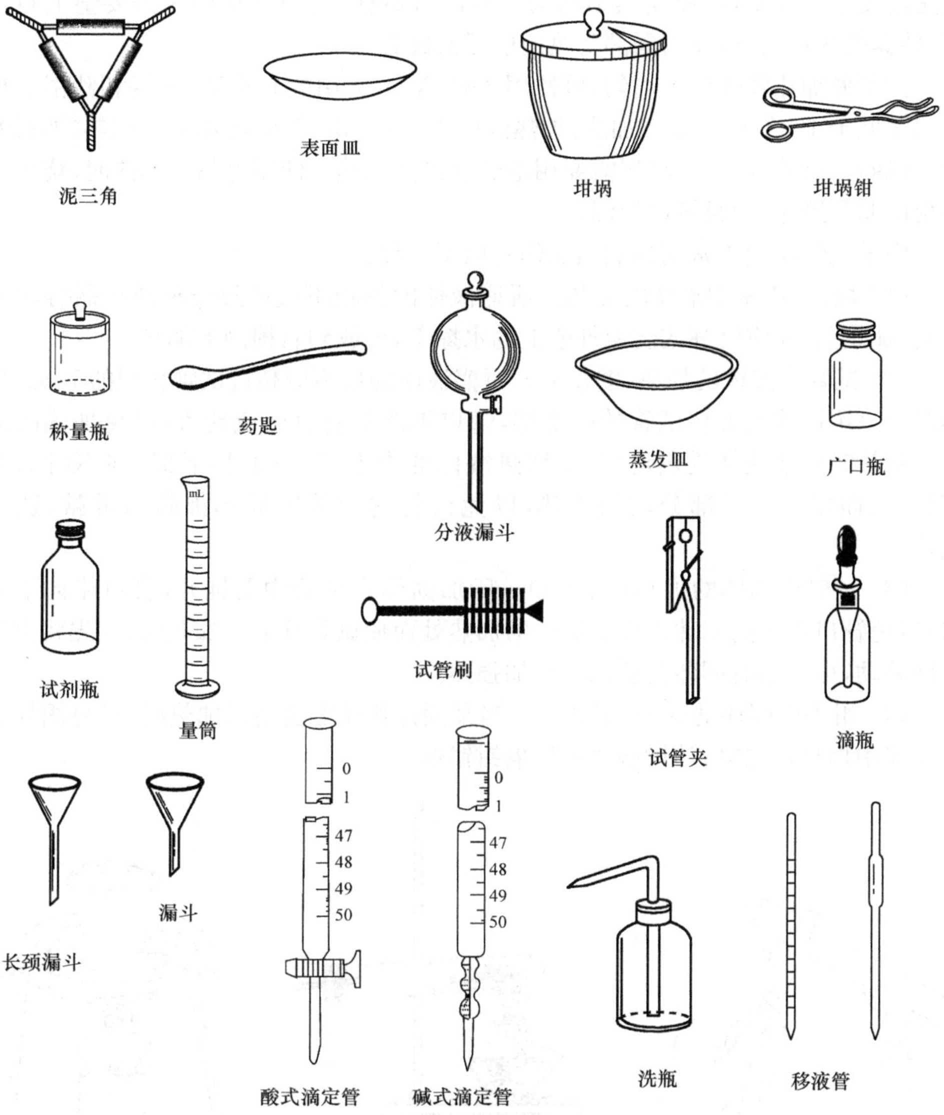

图 2-2　中学化学实验基本仪器(2)

第二节　中学化学实验基本技能

一、加热与冷却

根据实验对温度控制要求的不同，可以选用不同的热源进行加热。

酒精灯可用于一些对温度控制不严的场合(如试管反应等)进行直接加热。缺点是温度不易控制，器皿受热不均匀。所以对烧杯、烧瓶等加热时需要垫上石棉网，使其受热均匀，防止因局部受热而使器皿破裂。

为了使加热物体受热均匀，可使用各种热浴，常用的有水浴、油浴和沙浴。加热温度低于 100℃可用水浴加热；加热温度为 100～250℃时可用油浴加热（如石蜡油、硅油）。另外，还可以根据需要用电热套进行加热。使用电热套加热时，烧瓶中的反应非常迅速，而且可以控温。

中学化学实验中常用的加热操作有以下几种：

(1) 烧杯、烧瓶中液体的加热。所盛液体的体积不应超过烧杯或烧瓶容积的 1/3。加热前，先将烧杯或烧瓶外壁上的水擦干，再放到石棉网上加热。

(2) 试管中液体的加热（图 2-3）。所盛液体的量不应超过试管容积的 1/3。加热时应该用试管夹夹住试管的中上部，管口不能对着自己或他人，以免加热时溅出。加热时应使液体受热均匀，先加热液体的中上部，再加热下部，并不时振荡试管，从而使液体各部分均匀受热，以免试管内液体因局部沸腾而迸溅，造成烫伤。

(3) 试管中固体的加热（图 2-4）。所加固体在试管中要铺开，管口略向下倾斜，以免管口冷凝的水珠倒流入试管的加热处而使试管炸裂。加热时，应先将火焰来回移动，再在盛有固体物质的部分加强热。

(4) 坩埚中固体的灼烧（图 2-5）。当某固体物质需要高温加热时，可将固体放入坩埚中加热，灼热后的坩埚要用坩埚钳钳取。

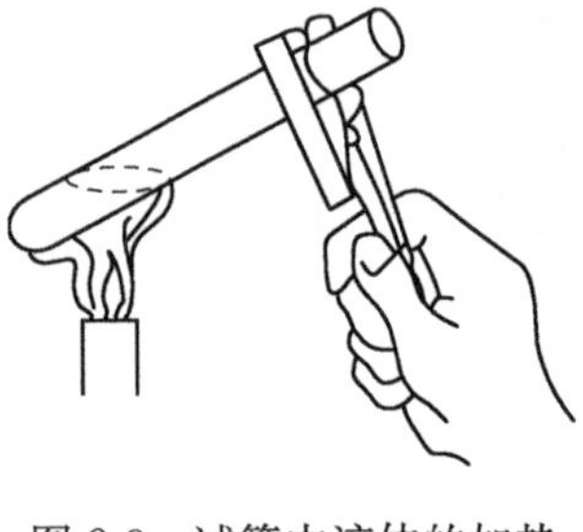

图 2-3　试管中液体的加热

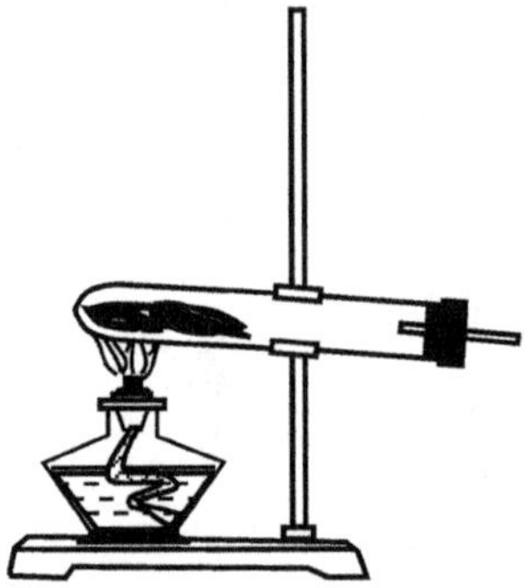

图 2-4　试管中固体的加热

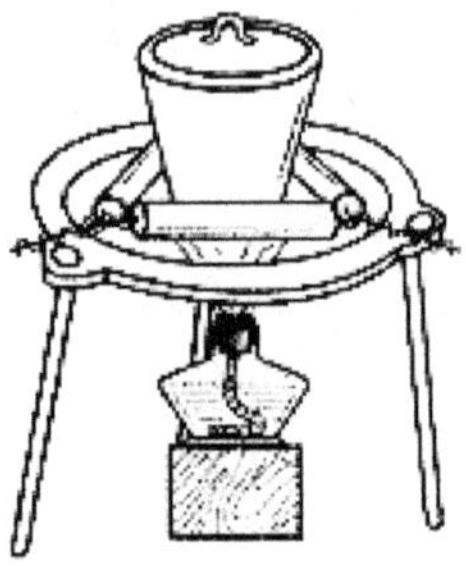

图 2-5　加热坩埚

实验中为了控制适当的反应速率，常需要适当冷却。最简便的方法是将反应容器置于冷水浴中；用冰水混合物可以使温度降得更低；若要保持反应在 0℃以下进行，可使用冰盐浴，如 100 份冰中加入 33 份食盐，最低能达到－21℃；用固体二氧化碳（干冰）和乙醇或丙酮的混合物可获得－78℃的低温。

二、化学药品的取用

化学试剂按其中杂质含量的多少及主含量的不同可分为四个级别。一级试剂为优级纯(G.R.),又称保证试剂,用于精密分析及科学研究,标签为绿色。二级试剂为分析纯(A.R.),用于一般分析测试及科学研究,标签为红色。三级试剂为化学纯(C.R.),用于一般定性实验和化学制备,标签为蓝色。四级试剂为实验试剂(L.R.),用于一般的化学制备,标签为棕色。在一般的中学化学实验中,化学纯试剂已足够,只有在个别实验中才使用分析纯试剂。

由于试剂性质的不同,存放试剂的瓶子质地和颜色各有差别。例如,见光易分解的试剂需保存在棕色瓶中,含氟类试剂常保存在塑料瓶中。

常用试剂多为固态或液态,为保存及取用的方便,固体试剂装在广口试剂瓶中,而液体试剂装在细口试剂瓶中。

(一) 固体试剂的取用

固体试剂一般都用药匙取用。必须使用干净的药匙取用试剂,用过的药匙须洗净、擦干。取出试剂后,应立即盖好瓶盖;药品一旦取出,不能再倒回原瓶;除具有腐蚀性、强氧化性或易潮解的固体外,一般的固体可以放在称量纸上或表面皿中称量,但不能放在滤纸上,以免浪费试剂。

(二) 液体试剂的取用

液体试剂一般用滴管吸取或量筒量取。

1. 用滴管取用试剂

用滴管取用液体试剂时,应用左手垂直地拿住试管(或其他容器),右手将滴管悬空地放在试管口的正上方,然后挤捏滴管的橡皮头,使液体滴入试管中,绝不可将滴管伸入试管内(图 2-6),否则滴管的管端很容易碰到试管壁而黏附其他液体,若再将此滴管放回试剂瓶中,则将沾污该瓶中的试剂。

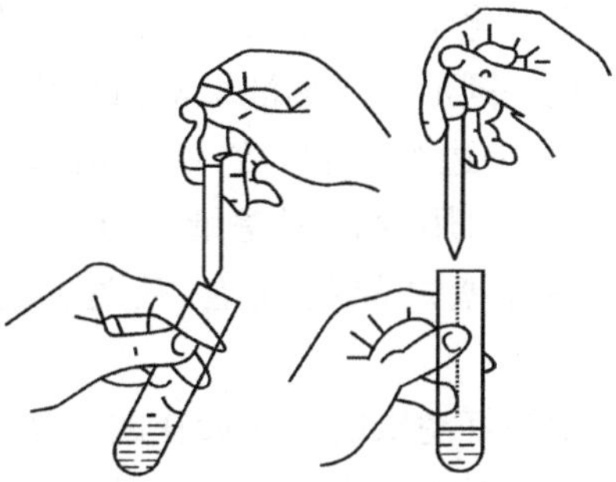

(a) 不正确　　(b) 正确

图 2-6　用滴管滴加试剂

滴瓶上的滴管应该专用,不能与其他滴瓶上的滴管混用,使用后应立即插回原来的滴瓶中。不得把沾有液体试剂的滴管横置或管口向上斜放,以免液体流入橡皮头而沾污。

2. 用量筒量取试剂

用量筒量取液体试剂时，应左手拿住量筒，右手拿起试剂瓶，并注意标签对着手心，瓶口紧靠量筒的口边，慢慢注入液体到需要的刻度，视线应与凹液面最低处在同一平面上(图 2-7)。若不慎倒出过多的液体，不能倒回原瓶。试剂取用后，必须立即将瓶塞塞好，放回原处，并使瓶上的标签朝外。

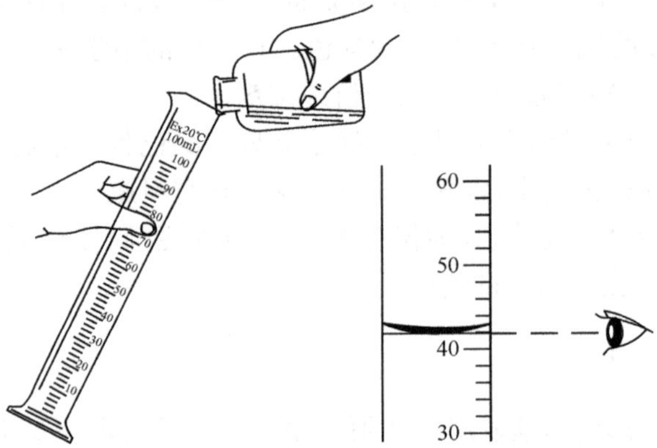

图 2-7　用量筒量取液体试剂

三、固液分离及蒸发、结晶

固液分离、沉淀洗涤、蒸发、结晶是中学化学实验中经常用到的基本操作，下面分别介绍其操作要领。

(一) 溶液和沉淀的分离

中学化学实验中溶液和沉淀的分离一般使用常压(普通)过滤法。

把一圆形或方形滤纸对折成扇形(方形滤纸要剪成扇形)，展开成圆锥形，一边为三层，一边为一层，放入干燥洁净的漏斗中，看滤纸是否完全贴在漏斗壁上(图 2-8)。用食指把滤纸按住，用少量的蒸馏水润湿滤纸，轻压四周，除去滤纸与漏斗壁之间的气泡，使滤纸紧贴在漏斗壁上。滤纸边缘应略低于漏斗边缘。

把贴好滤纸的漏斗放在漏斗架上，使漏斗末端紧靠接收滤液容器的内壁。

过滤时先将大部分溶液沿着玻璃棒慢慢地倾入漏斗中，玻璃棒接触三层滤纸处，然后将剩下的溶液连同沉淀一起倒在滤纸上，再用少量蒸馏水洗涤烧杯内壁，将洗液与剩下的沉淀全部转入漏斗中(图 2-9)。

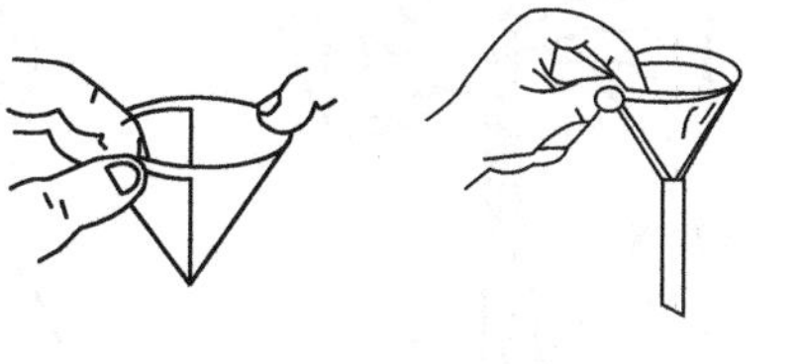

图 2-8　滤纸的折叠与安放

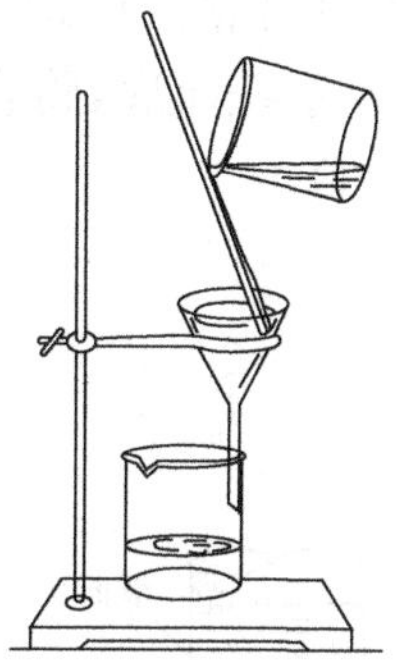

图 2-9　普通过滤

（二）蒸发和结晶

为了使制备的化合物从溶液中结晶出来，常需蒸发溶剂，加热使溶剂逐渐气化，从而使溶液不断浓缩，蒸发到一定程度后进行冷却，就有结晶物析出。有时为了促进晶体析出，可采用搅拌、加入小晶体或摩擦容器壁等方法。

如果物质溶解度较大，必须蒸发到液体表面出现一层薄薄的结晶再开始冷却；如果物质的溶解度较小或高温时溶解度较大而室温时溶解度较小，就不必蒸发到液体表面出现晶膜即可冷却、结晶。

晶体的疏密程度及颗粒大小与结晶条件有关。溶液的浓度大，溶质的溶解度小，而冷却的速度较快，则容易得到细晶；反之，则得到较大颗粒的晶体。

第一次得到的晶体往往纯度较低，若要得到纯度较高的晶体，可在晶体中加入适量的蒸馏水使其溶解，然后进行蒸发、结晶、分离，可得到较纯净的晶体。这个操作过程称为重结晶。对有些物质的精制可能需要进行多次重结晶。

四、液体体积的量度及溶液的配制

实验中定量量度液体体积的常用器皿有量筒（图 2-10）、移液管、容量瓶、滴定管等。这些器皿在所标示的温度下能准确给出所量取液体的体积，它们不能用加热烘干的方法进行干燥，更不能作为反应容器使用，在读取读数时视线应与凹液面最低处在同一水平面上。

（一）容量瓶的使用及溶液的配制

容量瓶可用来配制一定温度下一定体积、浓度准确的溶液。当溶质是固体时，先用天平准确称取所需质量的溶质，在干净的烧杯中加入少量蒸馏水，溶解冷却后将溶液沿玻璃棒小心转入已洗净的容量瓶中，再用蒸馏水少量多次洗涤烧杯及玻璃棒，并将洗液全部转入容量瓶，然后加入蒸馏水到距刻度线下 1～2cm 处。此时改用滴管加水，直到溶液凹液面最低处到达刻度线为止，最后塞紧瓶塞，用右手食指按住瓶塞，左手托瓶底，将容量瓶反复倒置数次，并不时振荡，以保证溶液浓度均匀一致(图 2-11)。

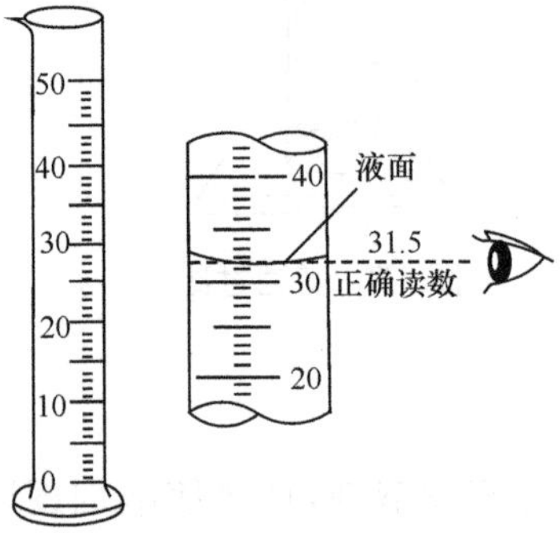

图 2-10　量筒及其体积读数法

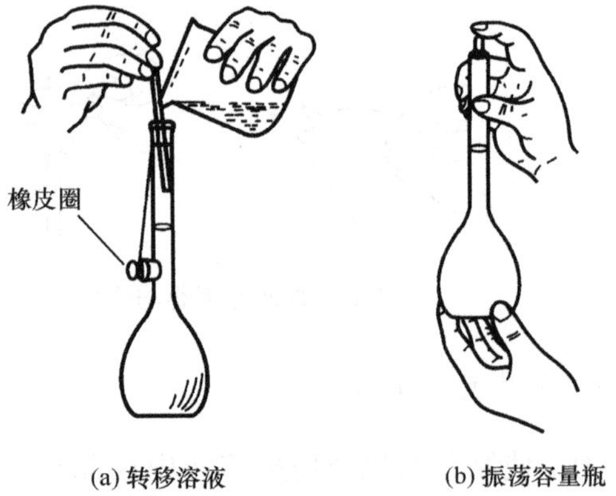

图 2-11　容量瓶的握法

若是稀释浓溶液或液体溶质，也应在烧杯中稀释，然后转入容量瓶。

有的溶质含有结晶水或具有吸水性，若溶质的准确质量难以确定，则可在容量瓶中配制成大约浓度的溶液后再用标准物质进行标定，以确定所配溶液的准确浓度。

配制饱和溶液时，应使用比计算值稍多的溶质的量，在加热状态下溶解，然后冷却，待结晶析出后制得。

配制易水解盐类的溶液，如 $SnCl_2$、$SbCl_3$、$Bi(NO_3)_3$ 等，则需在相应的酸(HCl、HNO_3)中配制，然后稀释，以抑制水解，保证溶液澄清。

(二) 滴定管的使用

滴定管分为酸式和碱式两种(图 2-12)，它能滴放任意量的液体，使用方便，是溶液间相互滴定的常用仪器。

酸式滴定管可存放酸液、高锰酸钾溶液等，因其下端活塞用玻璃制成，所以不能放置碱液。碱式滴定管下端有一段带玻璃珠的橡胶管，常用来存放碱液。因橡胶管易受浓酸、氧化剂的腐蚀而破损，所以不宜接触酸性和氧化剂溶液。

滴定管使用前需先检漏、洗涤，然后用少量待装溶液润洗或先干燥再装液，以保证待装溶液进入滴定管后浓度与原待装溶液一致。使用时溶液加至滴定管刻度"0"以上，再开启活塞或挤压玻璃珠，把液面调至"0"或略低于"0"刻度。滴定管下端若有气泡，会影响体积的量度，应先除去。对于酸式滴定管，可使滴定管倾斜，开启活塞，气泡随流出的溶液而逸出；对于碱式滴定管，则应将橡胶管上弯，挤压玻璃珠，将气泡逐出(图 2-13)。

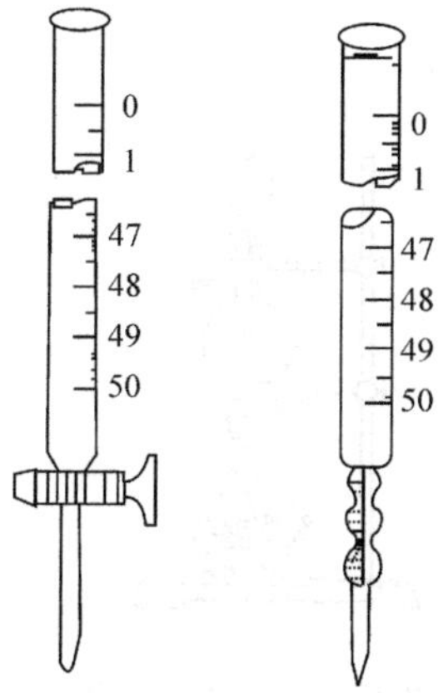

(a) 酸式滴定管　(b) 碱式滴定管

图 2-12　滴定管

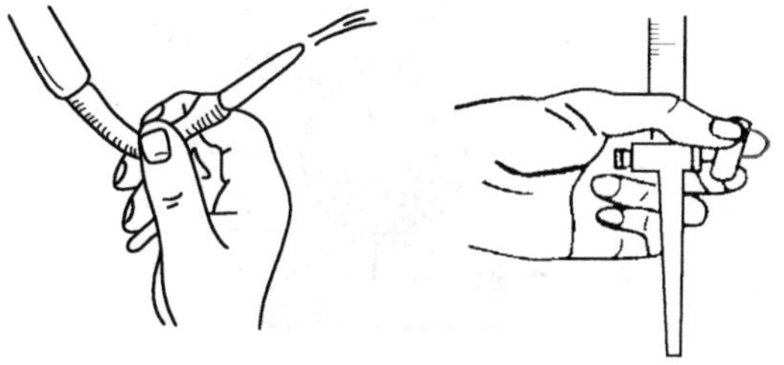

(a) 逐去气泡法　(b) 转动活塞法

图 2-13　滴定管的使用

滴定操作时，对于酸式滴定管，一般用左手控制活塞，用拇指、食指和中指转动活塞，其间应将活塞轻轻按住，以防转动活塞时活塞松动而漏液。对于碱式滴定管，则用食指和拇指拉或略挤紧贴玻璃珠稍上的橡胶管，使管内形成一条细缝，让溶液流出。

滴定管读数时，应使滴定管尽量垂直，且待溶液静置 1～2min 后，读取与凹液面最低处相切的刻度，一般读到小数点后两位，如 23.35mL。

(三) 移液管的使用

移液管是用于移取一定体积液体的玻璃管，通常中间膨大，管颈上方刻有一条标线。另一种移液管内径均匀且带有分刻度，通常又称吸量管。

移液管洗净后，应用少量待移溶液润洗三次。

用移液管吸液时一般右手持管，左手拿洗耳球吸取，管内液面高低及放液过程用右手食指控制，溶液流出后应停留 15s 左右，除非移液管上标有“吹”字，一般不得将管内残留液滴吹入接收器中(因为校正移液管容量时已略去残留液体的体积)。

五、气体的发生、净化和收集方法

(一) 气体的发生

实验室中常需用到各种气体，如 N_2、H_2、O_2、CO_2、Cl_2等。制备少量气体，常用的有以下两类方法：一类是分解固体制备气体，如 $KClO_3$分解制备氧气；另一类是将固体和液体作用制备气体。当固体反应物为较大块状，产生气体水溶性小且反应不需要加热时，可用启普发生器(图 2-14)，如锌和盐酸反应制氢气，大理石和盐酸反应制二氧化碳，硫化亚铁和盐酸反应制硫化氢均可采用此装置。

对于 HCl、SO_2、Cl_2 等气体的制备，由于不符合启普发生器的使用条件，常采用如图 2-15 所示的气体发生装置。

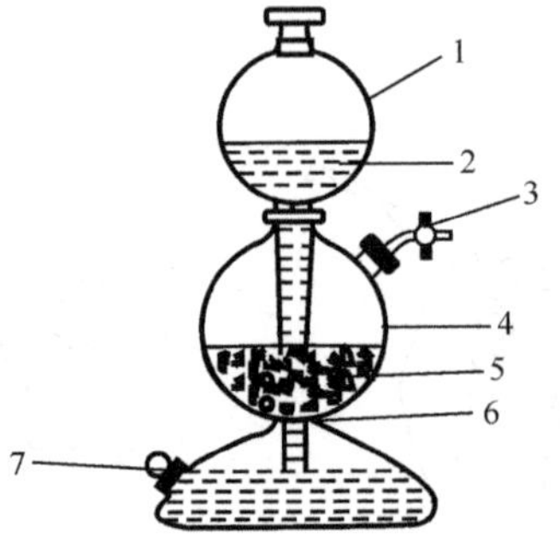

图 2-14　启普发生器

1. 球形漏斗；2. 酸；3. 活塞；4. 葫芦状玻璃器；
5. 固体药品；6. 玻璃丝；7. 活塞

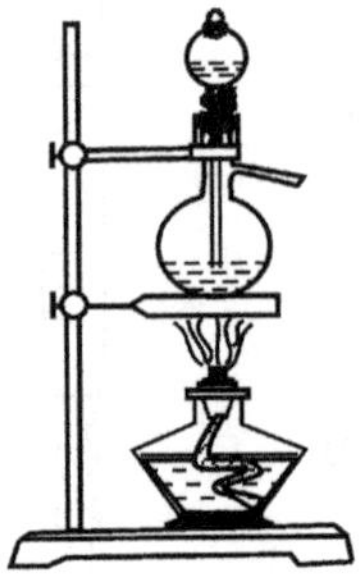

图 2-15　气体发生装置

（二）气体的净化

由实验室制得的气体常带有酸雾和水汽等杂质，为了得到纯净的气体，需要对气体进行净化和干燥，常用的装置是洗气瓶（图 2-16）、干燥管和干燥塔（图 2-17）。

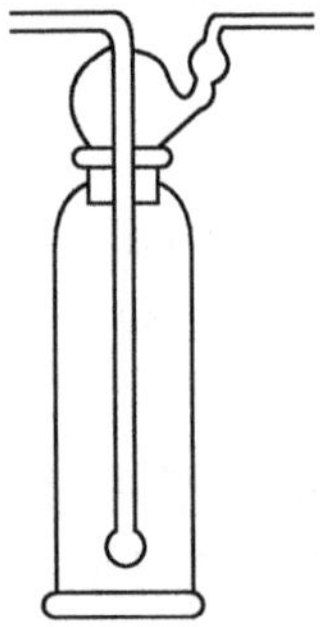

图 2-16　洗气瓶

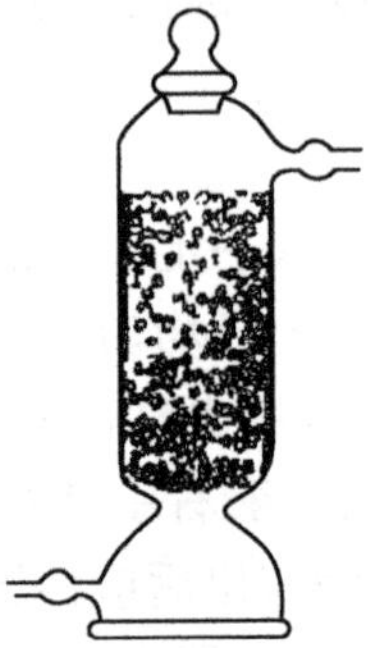

图 2-17　干燥塔

针对气体性质和所带杂质的不同，洗气瓶及干燥管或干燥塔中应放置不同的物质。例如，CO_2 气体可先用水洗去酸雾，再通过浓硫酸吸去水汽。实验室制得的氢气则由于反应物中含硫、砷等杂质常带有硫化氢、砷化氢等，需通过高锰酸钾、乙酸铅溶液（洗气瓶中）除去硫、砷等杂质，最后通过浓硫酸干燥。又如，H_2S、NH_3 具有还原性或碱性，不能用浓硫酸干燥，可用无水硫酸镁干燥 H_2S，用氢氧化钠或碳酸钾干燥 NH_3。

（三）气体的收集

按气体在水中的溶解度大小及气体密度与空气密度的相对大小不同，可以分别选用排水、向上排空气、向下排空气三种方法收集气体。

六、称量

实验中由于对质量准确度的要求不同，需要使用不同类型的天平进行称量。常用的天平有托盘天平和分析天平。一般来说，托盘天平可称量至0.1g，而分析天平可称量至0.0001g。

下面介绍中学实验常用的托盘天平的使用方法。

（一）称量前的检查

使用托盘天平前，应先把游码移到刻度尺的零处，检查天平的摆动是否平衡。如果平衡，则指针摆动时所指示尺上的左右格数应相等，指针静止时应指在标尺的中线。如果不平衡，可以调节零点的螺丝，使其平衡。

（二）物品称量

将要称取的物品放在左盘上，然后在右盘上添加砝码。10g以下的砝码用游码代替，直到天平平衡为止。托盘天平的砝码要用镊子夹取。

称固体药品时，应在两盘上各放一张质量相同的纸，然后用药匙将药品放在左盘的纸上（称 NaOH、KOH 等易潮解、易腐蚀的固体时，应盛在已称过质量的表面皿或烧杯中）。称液体药品时，需用已称过质量的容器盛放药品，称法同前。

（三）称量后的工作

称量后把砝码放回砝码盒中，将游码移到零刻度处，并取下盘中的物品。托盘天平应保持清洁，称量液体时，注意不要把液体洒在托盘上。

七、试纸的使用方法

实验室中常用的试纸有石蕊试纸、pH试纸、淀粉-碘化钾试纸及乙酸铅试纸等。

（一）石蕊试纸

石蕊试纸可用于检验溶液或气体的酸碱性。一般将试纸剪成小片，放在干净的点滴板或表面皿上，再用玻璃棒蘸取少许待检溶液，滴到试纸上观察颜色变化；检验气体时，则将试纸用蒸馏水润湿，用玻璃棒沾上置于试管口上方，观察颜色的变化。

注意不能将试纸直接投入待检测的溶液中。

（二）pH 试纸

pH 试纸使用方法同石蕊试纸，最后将试纸所呈颜色与标准色板比较，以确定溶液的 pH。

（三）淀粉-碘化钾试纸

淀粉-碘化钾试纸主要用于定性检验氧化性气体（如 Cl_2、Br_2、O_3等），使用方法同石蕊试纸。

第三节　中学化学实验室安全管理

一、化学实验室安全操作规程

(1) 做化学实验时应打开门窗和通风设备，保持室内空气流通；加热易挥发有害液体、易产生严重异味、易污染环境的实验应在通风橱内进行。

(2) 各类加热器都应有控温系统，若通过继电器控温，一定要保证继电器的质量和有效工作时间，容易被氧化的各个接触点要及时更新，加热器各种插头应该插到位并紧密接触。

(3) 实验室各种溶剂和药品不得敞口存放，所有挥发性和有气味试剂应放在通风橱或橱下的柜中，并保证有孔洞与通风橱相通。

(4) 回流和加热时，液体量不能超过容器容积的 2/3，冷却装置要确保能达到被冷却物质的沸点以下；旋转蒸发时，不应超过容器容积的 1/2。

(5) 实验室应备有沙箱、灭火器和石棉布，必须明确何种情况用何种方法灭火，熟练使用灭火器。

(6) 实验室应有处理割伤、烫伤，以及酸、碱、溴等腐蚀损伤的常规药品，清楚如何进行急救。

(7) 增强环保意识，不乱排放有害固体、液体、气体污染环境。

二、化学实验室药品管理规则

下列中学实验室常用药品为危险药品。

(1) 易燃液体：二硫化碳、汽油、乙醛、丙酮、苯、乙酸乙酯、甲苯、乙醇、1，2-二氯乙烷、己烷、二甲苯、原油、煤油。

(2) 易燃固体：红（赤）磷、硫粉、镁条、铝粉、黄（白）磷、钠、钾、碳化钙（电石）。

(3) 氧化剂：过氧化钠、氯酸钾、高锰酸钾、硝酸铵、硝酸钾、硝酸钠、重铬酸铵、重铬酸钾、硝酸汞、硝酸银、硝酸铜。

(4) 腐蚀品：硝酸、发烟硫酸、硫酸、过氧化氢、溴、三氯化铝、盐酸、磷酸、甲酸、冰醋酸、乙酸、氢氧化钾、氢氧化钠、氨水、氧化钙(生石灰)、硫化钠、氢氧化钙、碱石灰、苯酚、甲醛。

下列中学实验室常用药品为剧毒物质:氯化钡、氢氧化钡、四氯化碳、三氯甲烷、乙酸铅、溴乙烷、乙二酸、黄(白)磷(易燃品)、苯酚。

中学实验室不常用的危险品和剧毒品:苦味酸、氰化物、磷化锌、碳酰氯等。

化学试剂在储存时常因保管不当而变质。有的试剂容易吸湿而潮解或水解;有的试剂容易与空气中的氧气、二氧化碳或扩散在其中的其他气体发生反应,还有一些试剂受光照和环境温度的影响会变质。因此,必须根据试剂的不同性质,分别采取相应的措施妥善保存。一般有以下几种保存方法:

(1) 密封保存。试剂取用后一般都用塞子盖紧,特别是挥发性物质(如硝酸、盐酸、氨水)以及很多低沸点有机物(如乙醚、丙酮、甲醛、乙醛、氯仿、苯等)必须严密盖紧。有些吸湿性极强或遇水蒸气发生强烈水解的试剂,如五氧化二磷、无水$AlCl_3$等,不仅要严密盖紧,还要蜡封。在空气中能自燃的白磷保存在水中。活泼的金属钾、钠保存在煤油中。

(2) 用棕色瓶盛放并存放在阴凉处。光照或受热容易变质的试剂(如浓硝酸、硝酸银、氯化汞、碘化钾、过氧化氢以及溴水、氯水)要存放在棕色瓶中,并放在阴凉处,防止分解变质。

(3) 危险药品与其他药品分开存放。具有易发生爆炸、燃烧、毒害、腐蚀和放射性等危险性的物质,以及受到外界因素影响能引起灾害性事故的化学药品,都属于化学危险品,一定要单独存放。例如,高氯酸不能与有机物接触,否则易发生爆炸。

强氧化性物质和有机溶剂能腐蚀橡胶,不能盛放在带橡胶塞的玻璃瓶中。容易侵蚀玻璃而影响试剂纯度的试剂,如氢氟酸、含氟盐(氟化钾、氟化钠、氟化铵)和苛性碱(氢氧化钾、氢氧化钠),应保存在聚乙烯塑料瓶或涂有石蜡的玻璃瓶中。

剧毒品必须存放在保险柜中,加锁保管。取用时要有两人以上共同操作,并记录用途和用量,随用随取,严格管理。腐蚀性强的试剂要设有专门的存放橱。

(一) 危险、剧毒药品的采购

危险、剧毒药品的采购由学校化学教师和实验工作人员根据教学大纲和教材要求提出申购计划。做计划时,应严格控制易分解、易变质、剧毒等药品的一次采购量。

(二) 危险、剧毒药品的管理与使用

(1) 学校应建立危险、剧毒药品账册,购进、入库、领用、使用、处理都必须及时、准确做好记录,做到账物、账账相符。

(2) 学校应将危险、剧毒药品与普通药品分开存放(建立单独的保管室或专门

的橱柜)。实验室管理人员应对危险、剧毒药品作经常性检查。药品柜、橱门上应贴上橱签,药品容器上应有标签,所有标签均应写明药品的类别、名称、纯度等级、数量及购入日期,标签应保持字迹清晰。确保药品容器的密封性。

(3) 实验室管理人员应将危险、剧毒化学药品分类存放,相互保持安全距离,严禁混放;强酸、强碱要上锁保管,放在不被他人轻易获取的地方。严格保管各类化学危险品和剧毒品,做到人离门锁。剧毒药品的管理应严格执行“四双制度”,即“双人验收、双人双锁、双人领用、双本账册”。

(4) 任课教师领用危险、剧毒药品时,必须填写“危险及剧毒药品领用单”,交教研组长批准后,才能向管理人员按所需数量领取。领用的危险及剧毒药品在应用后,若有剩余仍由任课教师交还实验室,并在原领用单上注明缴还药品的数量。

(5) 使用危险化学物品的教师及实验人员必须遵守操作规程,严格落实安全防护措施。

(6) 发现化学危险、剧毒药品丢失、被盗时,应立即报告学校领导、教育主管部门和当地公安部门。

(三) 废弃危险、剧毒药品的处理

实验后的危险及剧毒药品废液或残渣等应集中存放,由学校化学教师定期安全处理和销毁。在处理过程中尽量减少对环境的污染。

三、实验室安全用电知识

化学实验室经常使用电学仪表、仪器,应用交流电源进行实验。下面简单介绍使用交流电源的基本常识,以利于安全用电。

(一) 保险丝

在实验室中,经常使用单相 220V、50Hz 的交流电,有时也用到三相电。任何导线或电器设备都有规定的额定电流值(允许长期通过而不致过度发热的最大电流值),当负荷过大或发生短路时,通过电流超过额定电流,则会发热过度,致使电器设备绝缘损坏和设备烧坏,甚至引起电着火。为了保证安全用电,从外电路引入电源时,必须先经过能耐一定电流的适当型号的保险丝。

保险丝是一种自动熔断器,串联在电路中,当通过电流过大时,会发热过度而烧断,自动切断电路,达到保护电线、电器设备的目的。普通保险丝是指铅(75%)、锡(25%)合金丝,各种直径不同的保险丝额定电流值不同。

保险丝应接在相线引入处,接保险丝时应把电闸断开。更换保险丝时应换上相同型号的,不能用型号比其小的代替(型号小的保险丝粗,额定电流值大),更不能用铜丝代替,否则就失去了保险丝的作用,容易造成严重事故。

（二）安全用电

人体通过 50Hz、25mA 以上的交流电时会发生呼吸困难，100mA 以上则致死。因此，安全用电非常重要，在实验室用电过程中必须严格遵守以下操作规程。

(1) 防止触电：①不能用潮湿的手接触电器；②所有电源的裸露部分都应有绝缘装置；③已损坏的接头、插座、插头或绝缘不良的电线应及时更换；④必须先接好线路再插上电源，实验结束时，必须先切断电源再拆线路；⑤若遇人触电，应切断电源后再进行处理。

(2) 防止着火：①保险丝型号与实验室允许的电流量必须匹配；②负荷大的电器应接较粗的电线；③生锈的仪器或接触不良处应及时处理，以免产生电火花；④若遇电线走火，切勿用水或导电的酸碱泡沫灭火器灭火，应立即切断电源，用沙或二氧化碳灭火器灭火。

(3) 防止短路：电路中各接点要牢固，电路元件两端接头不能直接接触，以免烧坏仪器或产生触电、着火等事故。

(4) 实验开始前，应先由仪器负责人检查线路，经同意后，才可插上电源。

(5) 若仪器有漏电现象，则可将仪器外壳接上地线，仪器即可安全使用。但应注意，若仪器内部和外壳形成短路而造成严重漏电（可用万用电表测量仪器外壳的对地电压），应立即检查修理。此时若接上地线使用仪器，则会产生很大的电流而烧坏保险丝或出现更严重的事故。

四、实验室着火防范

着火是化学实验室，特别是有机实验室中最容易发生的事故。多数着火事故是加热或处理低沸点有机溶剂时操作不当引起的。

二硫化碳、乙醚、石油醚、苯和丙酮等的闪点都比较低（表 2-1），即使存放在普通电冰箱内（冰室最低温−18℃，无电火花消除器），也能形成可以着火的气氛，所以这类液体不得储于普通电冰箱内。另外，低闪点液体的蒸气只需接触红热物体的表面便会着火。其中，二硫化碳尤其危险，即使与暖气散热器或热灯泡接触，其蒸气也会着火，应特别小心。

表 2-1 常见有机液体的易燃性

名称	沸点 /℃	闪点/℃	自燃点/℃
石油醚	40～60	−45	240
乙醚	34.5	−40	180
丙酮	56	−17	538

续表

名称	沸点/℃	闪点/℃	自燃点/℃
甲醇	65	10	430
乙醇(95%)	78	12	400
二硫化碳	46	−30	100
苯	80	−11	—
甲苯	111	4.5	550
乙酸	118	43	425

（一）火灾的预防

有效的防范才是对待事故最积极的态度。为预防火灾，应切实遵守以下几点：

(1) 严禁在开口容器或密闭体系中用明火加热有机溶剂，当用明火加热易燃有机溶剂时，必须有蒸气冷凝装置或合适的尾气排放装置。

(2) 废溶剂严禁倒入污物缸，量少时可用水冲入下水道，量大时应倒入回收瓶再集中处理。燃着或引燃的火柴梗不得乱扔，应放在表面皿中，实验结束后一并投入废物缸。

(3) 金属钠严禁与水接触，废钠通常用乙醇销毁。

(4) 不得在烘箱内存放、干燥、烘焙有机物。

(5) 使用氧气钢瓶时，不得让氧气大量溢入室内。在含氧量约25%的大气中，物质燃烧所需的温度比在空气中低得多，且燃烧剧烈，不易扑灭。

（二）消防灭火

万一不慎失火，切勿惊慌失措，应冷静、沉着处理。只要掌握必要的消防知识，一般可以迅速灭火。

1. 常用消防器材

化学实验室一般不用水灭火。这是因为水能与一些药品(如钠)发生剧烈反应，用水灭火会引起更大的火灾甚至爆炸，并且大多数有机溶剂不溶于水且比水轻，用水灭火时有机溶剂浮在水面上，反而扩大火场。下面介绍化学实验室必备的几种灭火器材。

(1) 沙箱：将干燥沙子储于容器中备用，灭火时，将沙子撒在着火处。干沙对扑灭金属起火特别安全有效。平时经常保持沙箱干燥，切勿将火柴梗、玻璃管、纸屑等杂物随手扔在沙箱中。

(2) 灭火毯：通常用大块石棉布作为灭火毯，灭火时包盖住火焰即可。近年来已确证石棉有致癌性，应改用玻璃纤维布。沙子和灭火毯经常用来扑灭局部小火，必须妥善安放在固定位置，不得随意挪作他用，使用后必须归还原处。

(3) 二氧化碳灭火器：是化学实验室最常用、最安全的一种灭火器。其钢瓶内储有二氧化碳气体。使用时，一手提灭火器，一手握在喷二氧化碳的喇叭筒的把手上，打开开关，即有二氧化碳喷出。应注意，喇叭筒的温度会随着喷出的二氧化碳气压的骤减而骤降，所以手不能握在喇叭筒上，否则会严重冻伤。二氧化碳无毒害，使用后干净无污染。特别适用于油脂和电器起火，但不能用于金属着火。

(4) 泡沫灭火器：$NaHCO_3$与$Al_2(SO_4)_3$溶液作用产生$Al(OH)_3$和CO_2泡沫，灭火时泡沫把燃烧物质包住，与空气隔绝而灭火。泡沫能导电，不能用于电器着火，且灭火后的污染严重，火场清理工作麻烦，一般非大火时不用。

(5) 过去常用的四氯化碳灭火器，因其毒性大，灭火时还会产生毒性更大的光气，目前已被淘汰。

2. 灭火方法

(1) 一旦失火，首先采取措施防止火势蔓延，应立即熄灭附近所有火源（如煤气灯），切断电源，移开易燃、易爆物品。并视火势大小，采取不同的扑灭方法。

(2) 在容器（如烧杯、烧瓶、热水漏斗等）中发生的局部小火，可用石棉网、表面皿或木块等盖灭。

(3) 有机溶剂在桌面或地面上蔓延燃烧时，不得用水冲，可撒上细沙或用灭火毯扑灭。

(4) 钠、钾等金属着火，通常用干燥的细沙覆盖。严禁用水和四氯化碳灭火器，否则会导致剧烈的爆炸，也不能用二氧化碳灭火器。

(5) 若衣服着火，切勿慌张奔跑，以免风助火势。化纤织物最好立即脱除。一般小火可用湿抹布、灭火毯等包裹熄灭。若火势较大，可就近用水龙头浇灭。必要时可就地卧倒打滚，一方面防止火焰烧向头部，另一方面在地上压住着火处，使其熄灭。

(6) 在反应过程中，若因冲料、渗漏、油浴着火等引起反应体系着火，情况比较危险，处理不当会加重火势。扑救时必须谨防冷水溅在着火处的玻璃仪器上，必须谨防灭火器材击破玻璃仪器，造成严重的泄漏而扩大火势。有效的扑灭方法是用几层灭火毯包住着火部位，隔绝空气使其熄灭，必要时在灭火毯上撒些细沙。若仍不奏效，必须使用灭火器，由火场的周围逐渐向中心处扑灭。

五、实验室爆炸防范

实验室发生爆炸事故大致有以下原因：

(1) 随意混合化学药品。氧化剂和还原剂的混合物在受热、摩擦或撞击时会发生爆炸。表 2-2 中列出加热时发生爆炸的混合物。

表 2-2 加热时发生爆炸的混合物

镁粉-重铬酸铵	有机化合物
镁粉-硝酸银（遇水剧烈爆炸）	还原剂-硝酸铅
	氯化亚锡-硝酸铋
镁粉-硫磺	浓硫酸-高锰酸钾
锌粉-硫磺	三氯甲烷-丙酮
铝粉-氧化铅	铝粉-氧化铜

(2) 在密闭体系中进行蒸馏、回流等加热操作。

(3) 在加压或减压实验中使用不耐压的玻璃仪器，气体钢瓶减压阀失灵。

(4) 反应过于剧烈而失去控制。

(5) 易燃、易爆气体(如氢气、乙炔等气体烃类、煤气和有机蒸气等)大量逸入空气中，引起爆燃。

(6) 一些本身容易爆炸的化合物，如硝酸盐类、硝酸酯类、三碘化氮、芳香族多硝基化合物、乙炔及其重金属盐、重氮盐、叠氮化物、有机过氧化物(如过氧乙醚和过氧酸)等，受热或被敲击时会爆炸。强氧化剂与一些有机化合物接触，如乙醇和浓硝酸混合时会发生剧烈的爆炸反应。

爆炸的破坏力极大，必须严格加以防范。凡有爆炸危险的实验，在操作规程中必有具体的安全指导，应严格执行。此外，平时应遵守以下几点：

(1) 取出的试剂药品不得随意倒回储备瓶中，也不能随手倾入污物缸，应征求安全员意见后再加以处理。

(2) 做高压或减压实验时，应使用防护屏或戴防护面罩。

(3) 不得让气体钢瓶在地上滚动，不得撞击钢瓶表头，更不得随意调换表头。搬运钢瓶时应使用钢瓶车。

(4) 使用和制备易燃、易爆气体(如氢气、乙炔等)时，必须在通风橱内进行，并不得在其附近点火。

(5) 煤气灯用完后或中途煤气供应中断时，应立即关闭煤气龙头。若遇煤气泄漏，必须停止实验，立即报告相关部门检修。

六、实验室中毒和化学灼伤防范

(一) 化学药品的毒性

化学药品的危险性除易燃、易爆外，有的还具有腐蚀性、刺激性、对人体的毒性，特别是致癌性，使用不慎会造成中毒或化学灼伤事故。特别应该指出的是，实验室中常用的有机化合物，其中绝大多数对人体都有不同程度的毒害。

(二) 化学中毒和化学灼伤事故的预防

化学中毒主要是由以下原因引起的：

(1) 由呼吸道吸入有毒物质的蒸气。

(2) 有毒药品通过皮肤吸收进入人体。

(3) 吃进被有毒物质污染的食物或饮料，品尝或误食有毒药品。

化学灼伤则是因为皮肤直接接触强腐蚀性物质、强氧化剂、强还原剂，如浓酸、浓碱、氢氟酸、钠、溴等引起的局部外伤。预防措施如下：

(1) 最重要的是保护好眼睛。在化学实验室中应一直佩戴护目镜(平光玻璃或有机玻璃眼镜)，防止眼睛受刺激性气体熏染，防止任何化学药品特别是强酸、强碱、玻璃屑等异物进入眼内。

(2) 禁止用手直接取用任何化学药品，使用毒品时除用药匙、量器外必须佩戴橡皮手套，实验后立即清洗仪器用具，并用肥皂洗手。

(3) 尽量避免吸入任何药品和溶剂蒸气。处理具有刺激性、恶臭和有毒的化学药品，如 H_2S、NO_2、Cl_2、Br_2、CO、SO_2、SO_3、HCl、HF、浓硝酸、发烟硫酸、浓盐酸、乙酰氯等，必须在通风橱中进行。通风橱开启后，不要把头伸入橱内，并保持实验室通风良好。

(4) 严禁在酸性介质中使用氰化物。

(5) 禁止口吸吸管移取浓酸、浓碱，对于有毒液体，应用洗耳球吸取。禁止冒险品尝药品试剂，不得用鼻子直接嗅气体，而应用手向鼻孔扇入少量气体。

(6) 不要用乙醇等有机溶剂擦洗溅在皮肤上的药品，这种做法反而增加皮肤对药品的吸收速度。

(7) 实验室内禁止吸烟、进食、饮水，禁止赤膊、穿拖鞋。

(三) 中毒和化学灼伤的急救

1. 眼睛灼伤或掉进异物

(1) 一旦眼内溅入任何化学药品，立即用大量水缓缓彻底冲洗。实验室内应备有专用洗眼水龙头。洗眼时要保持眼皮张开，可由他人帮助翻开眼睑，持续冲洗15min。忌用稀酸中和溅入眼内的碱性物质，反之亦然。对因溅入碱金属、溴、磷、浓酸、浓碱或其他刺激性物质的眼睛灼伤者，急救后必须迅速送往医院检查治疗。

(2) 玻璃屑进入眼睛内是比较危险的。这时要尽量保持平静，绝不可用手揉擦，也不要试图让他人取出碎屑，尽量不要转动眼球，可任其流泪，有时碎屑会随泪水流出。伤者用纱布轻轻包住眼睛后，急送医院处理。

(3) 若是木屑、尘粒等异物，可由他人翻开眼睑，用消毒棉签轻轻取出异物，或任其流泪，待异物排出后，再滴入几滴鱼肝油。

2. 皮肤灼伤

(1) 酸灼伤:先用大量水冲洗,以免深度灼伤,再用稀 $NaHCO_3$ 溶液或稀氨水浸洗,最后用水洗。氢氟酸能腐蚀指甲、骨头,滴在皮肤上,会形成难以治愈的烧伤。皮肤若被灼烧后,应先用大量水冲洗 20min 以上,再用冰冷的饱和硫酸镁溶液或 70% 乙醇浸洗 30min 以上,或用大量水冲洗后,用肥皂水或 2%～5% $NaHCO_3$ 溶液冲洗,用 5% $NaHCO_3$ 溶液湿敷。局部外用可的松软膏或紫草油软膏及硫酸镁糊剂。

(2) 碱灼伤:先用大量水冲洗,再用 1% 硼酸或 2% HAc 溶液浸洗,最后用水洗。

(3) 溴灼伤:这是很危险的。被溴灼伤后的伤口一般不易愈合,必须严加防范。凡用溴时都必须预先配制适量的 20% $Na_2S_2O_3$ 溶液备用。一旦有溴沾到皮肤上,立即用 $Na_2S_2O_3$ 溶液冲洗,再用大量水冲洗干净,包上消毒纱布后就医。

在受上述灼伤后,若创面起水泡,均不宜把水泡挑破。

3. 中毒急救

实验中若感觉咽喉灼痛、嘴唇脱色或发绀,具有胃部痉挛或恶心呕吐、心悸头晕等症状时,则可能是中毒所致。视中毒原因进行急救后,立即送医院治疗,不得延误。

(1) 固体或液体毒物中毒:有毒物质还在嘴里的立即吐掉,用大量水漱口。误食碱,先喝大量水再喝牛奶。误食酸,先喝水,再服 $Mg(OH)_2$ 乳剂,最后喝牛奶。不要用催吐药,也不要服用碳酸盐或碳酸氢盐。

(2) 重金属盐中毒:喝一杯含有几克 $MgSO_4$ 的水溶液,立即就医。不要服催吐药,以免引起危险或使病情复杂化。

(3) 砷和汞化物中毒:必须紧急就医。

(4) 吸入气体或蒸气中毒:应立即转移至室外,解开衣领和纽扣,呼吸新鲜空气。对休克者应施以人工呼吸,但不要用口对口法,并立即送医院急救。

(5) 对于各种解毒方法,必要时应查阅提供给医生,以便及时对症下药。

4. 烫伤、割伤等外伤

烧熔和加工玻璃物品时最容易被烫伤,切割玻璃管或向木塞、橡胶塞中插入温度计、玻璃管等物品时最容易被割伤。玻璃质脆易碎,任何玻璃制品都不得用力挤压或造成张力。将玻璃管、温度计插入塞中时,塞上的孔径与玻璃管的粗细要吻合。玻璃管的锋利切口必须在火中烧圆,管壁上用几滴水或甘油润湿后,用布包住用力部位轻轻旋入,切不可用猛力强行连接。

5. 外伤急救方法

(1) 割伤:先取出伤口处的玻璃碎屑等异物,用水洗净伤口,挤出一点血,涂上红药水后用消毒纱布包扎。也可在洗净的伤口上贴"创可贴",可立即止血,且易愈合。若严重割伤大量出血,则应先止血,使伤者平卧,抬高出血部位,压住附近动脉,或用绷带盖住伤口直接施压,若绷带被血浸透,不要换掉,再盖上一块施压,立即送医院治疗。

（2）烫伤：一旦被火焰、蒸汽、红热的玻璃、铁器等烫伤，应立即将伤处用大量水淋洗或浸泡，以迅速降温避免深度烧伤。若起水泡不宜挑破，用纱布包扎后送医院治疗。对于轻微烫伤，可在伤处涂鱼肝油、烫伤油膏或万花油后包扎。

七、实验室医药箱

医药箱内一般有以下急救药品和器具：

（1）医用酒精、碘酒、红药水、紫药水、止血粉、创可贴、烫伤油膏（或万花油）、鱼肝油、1%硼酸溶液或2%乙酸溶液、1%碳酸氢钠溶液、20%硫代硫酸钠溶液等。

（2）医用镊子、剪刀、纱布、药棉、棉签、绷带等。

医药箱专供急救用，不许随意挪动，平时不得动用其中器具。

第三章　中学化学基础实验与改进实验

实验一　氧气的制取与性质

【实验目的】

(1) 练习实验室制取氧气的方法，掌握实验室制取氧气和氧气性质实验的基本操作技能。

(2) 通过实验，加深对氧气性质的认识。

(3) 练习用排水法收集气体。

【实验原理】

(1) 物理性质：通常状况下，O_2为无色无味的气体。标准状况下，O_2的密度(1.429g/L)比空气的平均密度(1.293g/L)大。不易溶于水(1L 水溶解 O_2约30mL)，所以通常采用排水法收集氧气。

(2) 化学性质：O_2的化学性质很活泼。它不仅可以助燃，而且在点燃或高温条件下可以与大多数金属、非金属发生反应，放出大量热。氧气能支持燃烧，所以物质在纯氧中燃烧非常剧烈，可以产生很高的温度。

(3) 高锰酸钾法：$2KMnO_4 \xlongequal{\triangle} K_2MnO_4 + MnO_2 + O_2\uparrow$

(4) 氯酸钾法：$2KClO_3 \xlongequal{\triangle} 2KCl + 3O_2\uparrow$($MnO_2$作催化剂)

(5) 过氧化氢法：$2H_2O_2 \xlongequal{} 2H_2O + O_2$($MnO_2$作催化剂)

【仪器与药品】

仪器：大试管、试管夹、锥形瓶、长颈漏斗、单孔橡胶塞、双孔橡胶塞、橡胶管、30°玻璃弯管、120°玻璃弯管、集气瓶、水槽、铁架台(带铁夹)、酒精灯、玻璃片、坩埚钳(镊子)、燃烧匙、砂纸、木条、脱脂棉、火柴、细沙。

药品：高锰酸钾、氯酸钾、10%过氧化氢溶液、木炭、硫磺、细铁丝、蜡烛、澄清石灰水。

【实验步骤】

(一) 氧气的制取

1. 高锰酸钾加热分解法

(1) 按图 3-1 所示的装置图安装仪器，检查装置的气密性。拔开橡胶塞，在试管中放入约 15g 高锰酸钾。将一团脱脂棉放在靠近试管口处，以防止加热时高锰酸钾粉末进入导管。

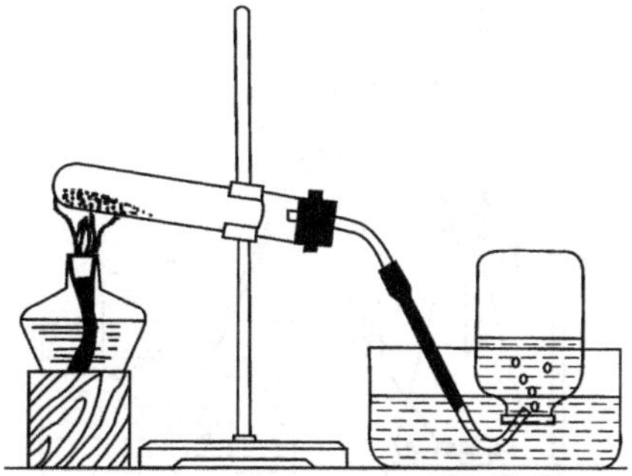

图 3-1 高锰酸钾加热制氧气

(2) 用带有导管的塞子塞紧试管口。

(3) 将集气瓶盛满水，并用玻璃片盖住瓶口。盖瓶口时，先盖住一小部分，随后推动玻璃片把瓶口全部盖住(注意不要让瓶口水面处留有气泡)。然后把盛满水的瓶子连同玻璃片一起倒立在盛水的水槽内。

(4) 给试管加热。先将酒精灯在试管下方来回移动，使试管均匀受热，然后对高锰酸钾所在的部位加热。导管口开始有气泡放出时，不宜立即收集，当气泡连续并比较均匀地放出后，再将导管口伸入盛满水的集气瓶中。待集气瓶中的水排完后，在水面下用玻璃片盖住瓶口。小心地把集气瓶移出水槽，正放在桌子上。用同样的方法再收集两瓶氧气(其中一瓶留有少量水)。

(5) 停止加热时，先把导管移出水面，然后熄灭酒精灯，仔细观察收集到的氧气的颜色。15g 高锰酸钾反应可收集约 1000mL 氧气。

2. 氯酸钾加热分解法

将 6g 纯净的氯酸钾和 2g 二氧化锰(按 3∶1 的质量比)混合均匀后装入试管中，并使其平铺在试管内，然后用带有导管的塞子塞紧试管口，用铁夹固定在铁架台上，试管口略向下倾斜。

氯酸钾法制取氧气的装置和收集方法与高锰酸钾法制取氧气相同。加热 6g 氯酸钾可收集约 1000mL 氧气。

3. 过氧化氢分解法

如图 3-2 所示，在锥形瓶(或具支试管)中加入 0.5～1.5g 二氧化锰作为催化剂，在分液漏斗中逐滴滴入过氧化氢溶液，其质量分数以 10%～15%为宜。溶液中过氧化氢过少则反应太慢，过多则因反应剧烈而易引起喷发事故。用相同的方法收集氧气。

(二) 氧气的性质

1. 木炭在氧气中燃烧

(1) 用坩埚钳夹取一小块木炭在酒精灯的火焰上烧至发红，观察其在空气中

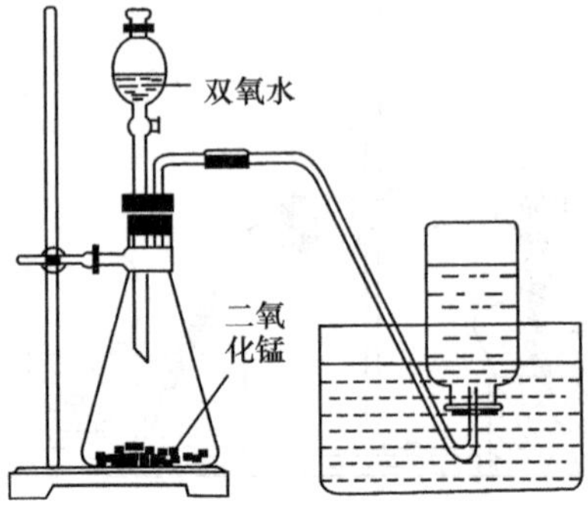

图 3-2　双氧水分解制氧气

燃烧的情况。趁木炭还红热时放在燃烧匙上，然后将燃烧匙放入盛有氧气的集气瓶中(从瓶口向下缓慢地伸入集气瓶中，也可用镊子夹取木条，烧红后直接伸入氧气瓶中)，观察木炭在空气和氧气中燃烧有什么不同。

(2) 燃烧停止后，向集气瓶中倒入 5～7mL 澄清石灰水，振荡，观察发生的现象。

2. 硫在氧气中燃烧

在铺有细沙的燃烧匙中放少量的硫，在酒精灯上加热至燃烧，迅速观察硫在空气中燃烧的现象，然后慢慢伸入盛有氧气的集气瓶中，盖上玻璃片，防止生成的二氧化硫气体逸出。观察硫在空气和氧气中燃烧有什么不同。

3. 铁丝在氧气中燃烧

取一根长约 10cm 的细铁丝，用砂纸打亮后绕成螺旋状，将其一端紧系在燃烧匙的柄上，另一端系在一根火柴上。点燃火柴，当火柴快燃尽时，连同燃烧匙一起伸入盛有氧气的集气瓶中(集气瓶底铺少量沙子或加少量水)。观察发生的现象，注意生成物的颜色和状态。

4. 蜡烛在氧气中燃烧

(1) 取一段长约 1cm 的蜡烛，放在燃烧匙中，点燃后伸入盛有氧气的集气瓶中，观察现象，并比较蜡烛在空气和氧气中燃烧有什么不同。

(2) 向集气瓶中倒入一些澄清的石灰水，振荡，观察石灰水的变化。

【注意事项】

(1) 实验开始前，先检查装置的气密性。

(2) 收集氧气时，待气泡均匀冒出后再开始收集，因为刚开始冒出的是试管中原有的空气，待那些气泡排完后开始收集，才可得到较纯的氧气。

(3) 气体收集完毕后，先撤导管，再撤酒精灯，防止倒吸。

(4) 做氧气的性质实验时，燃烧物一定要置于集气瓶中央，切勿靠近瓶壁，以防集气瓶炸裂。

资料卡片

关于氧气

（一）氧气的工业制法

工业上大规模生产氧气广泛采用液态空气分馏法。首先使空气通过过滤器除去尘埃等固体杂质，然后进入压缩机压缩，再经过分子筛净化器除去水蒸气和二氧化碳等气体杂质。分子筛可使氮气、氧气等较小分子通过，起到筛选分子的作用。最后进行冷却、降压，当温度降至－170℃左右时，空气开始部分液化进入精馏塔，根据空气中各气体的不同沸点进行分馏。液态氧的沸点比液态氮的沸点高，两者相比液氮更易气化。经多步分馏可得到纯度为99%以上的氧气，同时得到氮气和提取稀有气体的原料。这种方法工艺复杂。如果需用纯度不高的氧气，可用分子筛吸附法分离空气，制得氧气。特定的分子筛对氮气的吸附能力比氧气大，当空气通过分子筛床后，流出的气体含氧气量较高，经多次吸附可得含氧气70%～80%的气体。这种方法是常温操作，循环周期短，易实现自动化。若需高纯度氧气，可采用电解水法，此法成本高，只适合小型生产。从空气中分离出的氧气一般加压储存在天蓝色的钢瓶中，供工业、医疗或其他方面使用。

（二）氧气的用途

冶金工业：在炼钢过程中吹入高纯度氧气，氧气与碳及磷、硫、硅等发生氧化反应，不但可降低钢的含碳量，还有利于清除磷、硫、硅等杂质，而且氧化过程中产生的热量足以维持炼钢过程所需的温度。因此，吹氧不但缩短了冶炼时间，同时提高了钢的质量。高炉炼铁时，提高鼓风中的氧气浓度可以降低焦比，提高产量。在有色金属冶炼中，采用富氧也可以缩短冶炼时间，提高产量。

化学工业：生产合成氨时，氧气主要用于原料气的氧化，如重油的高温裂化以及煤粉的气化等，以强化工艺过程，提高化肥产量。

国防工业：液氧是现代火箭最好的助燃剂，在超音速飞机中也需要液氧作氧化剂；可燃物质浸渍液氧后具有强烈的爆炸性，可制作液氧炸药。

医疗保健方面：供给呼吸，用于缺氧、低氧或无氧环境，如潜水作业、登山运动、高空飞行、宇宙航行、医疗抢救等。

实验二　二氧化碳的制取与性质

【实验目的】

（1）练习实验室制取二氧化碳的方法，通过实验加深对二氧化碳性质的认识。

（2）练习用向上排空气法收集气体。

【实验原理】

(1) 通常状况下，二氧化碳为无色无味的气体。标准状况下，二氧化碳的密度比空气的平均密度大，所以通常采用向上排空气法收集二氧化碳气体。

(2) 大理石的主要成分为碳酸钙，与稀盐酸的反应可表示为

$$CaCO_3 + 2HCl = CaCl_2 + H_2O + CO_2 \uparrow$$

(3) 二氧化碳可溶于水(1L 水约能溶解 1L 二氧化碳气体)，并与水反应生成碳酸，碳酸是一种不稳定的物质，加热容易分解成二氧化碳和水：

$$CO_2 + H_2O = H_2CO_3$$

$$H_2CO_3 \overset{\triangle}{=} CO_2 \uparrow + H_2O$$

(4) 二氧化碳与氢氧化钙反应生成白色的碳酸钙沉淀，这个反应现象明显，常用来检验二氧化碳，反应方程式如下：

$$CO_2 + Ca(OH)_2 = CaCO_3 \downarrow + H_2O$$

(5) 石蕊是一种色素，遇酸变成红色。

【仪器与药品】

仪器：锥形瓶、长颈漏斗、双孔橡胶塞、橡胶管、玻璃管、集气瓶、试管、玻璃片、铁皮夹、火柴、纸条、吹风机。

药品：大理石、7mol/L 盐酸、石蕊试剂、澄清石灰水。

【实验步骤】

(一) 二氧化碳的制备

(1) 如图 3-3 所示，安装制取二氧化碳的简易装置，检查装置的气密性。

(2) 在锥形瓶中加入约 10g 块状大理石(主要成分为碳酸钙)，塞紧带有长颈漏斗和导管的橡胶塞。

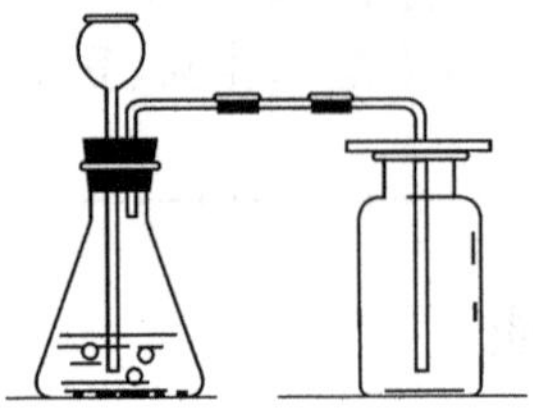

图 3-3　二氧化碳的制取

(3) 通过长颈漏斗加入适量的稀盐酸，锥形瓶中立即有气体产生。

(4) 将气体导管放入集气瓶中，导管口应在集气瓶的瓶底处，用向上排空气法收集气体。

(5) 把燃着的火柴放在集气瓶口上方，若火柴熄灭，则说明二氧化碳已集满，盖好玻璃片，将集气瓶口向上放在桌上备用。

（二）二氧化碳的性质

(1) 取一支盛有澄清石灰水的试管，将制二氧化碳的导管通入澄清石灰水中，观察现象。

(2) 取四张用石蕊试剂染成紫色的干燥纸条。第一张纸条喷上稀盐酸，第二张纸条喷上水，第三张纸条直接放入盛满二氧化碳的集气瓶中，第四张纸条喷上水后再放入盛满二氧化碳的集气瓶中，观察四张纸条的颜色变化。最后将第四张纸条取出，小心烘烤，观察现象。

【注意事项】

(1) 实验室制取二氧化碳，若选用大理石为原料，则不能用稀硫酸。因为生成的硫酸钙是微溶性物质，包裹在大理石表面，使酸液不能与大理石接触，从而使反应终止。

(2) 收集二氧化碳气体时，使用向上排空气法，导管要深入集气瓶底部。

(3) 收集二氧化碳气体也可用排水法，但水槽中的液体最好选用饱和碳酸氢钠溶液。

资料卡片

关于二氧化碳

（一）二氧化碳的工业制法

工业上常采用高温煅烧石灰石的方法制备二氧化碳：

$$CaCO_3 \xlongequal{} CaO + CO_2\uparrow \text{（高温煅烧）}$$

（二）二氧化碳的用途

(1) 气体二氧化碳用于制碱工业、制糖工业，并用于钢铸件的淬火和铅白的制造等。

(2) 二氧化碳在焊接领域应用广泛。例如，二氧化碳气体保护焊是目前生产中应用最多的方法。

(3) 固态二氧化碳用作制冷剂，如人工降雨，也常在舞台中用于制造烟雾；常用作灭火剂，但镁燃烧时不能用二氧化碳灭火。

(4) 二氧化碳是绿色植物光合作用不可缺少的原料，温室中常用二氧化碳作肥料，在农作物的生长旺盛期和成熟期使用，效果最显著。

实验三　氢气的制取与性质

【实验目的】

(1) 熟悉启普发生器的原理和构造,掌握其操作技能。

(2) 掌握演示的氢气性质实验和安全操作技能,初步掌握氢气还原氧化铜实验的讲解方法。

【实验原理】

$$Zn+H_2SO_4 \xlongequal{\quad} ZnSO_4+H_2\uparrow$$

$$2H_2+O_2 \xlongequal{\text{点燃}} 2H_2O$$

$$CuO+H_2 \xlongequal{\triangle} Cu+H_2O$$

【仪器与药品】

仪器:启普发生器、烧杯(500mL、150mL、50mL)、水槽、橡胶管、试管及试管架、玻璃导管、尖嘴玻璃管、铁架台(带铁夹)、塑料瓶、玻璃棒、酒精灯、化学纤维、火柴、石棉网、洗瓶。

药品:洗洁精溶液、硫酸铜溶液、锌粒、稀硫酸(1∶4)、氧化铜、凡士林。

【实验步骤】

(一) 利用启普发生器制取氢气

启普发生器由三部分组成。上面部分是球形漏斗,下面部分是玻璃球和玻璃半球组成的容器,第三部分是带旋钮的导管。

(1) 装料前,先检查各接缝处的气密性。方法是关闭旋钮,由漏斗处注入水后,在液面处作一记号,若数分钟内液面不下降,说明气密性好;若下降,可涂凡士林密封。

向启普发生器中加水至将金属锌全部淹没,倒水后量水的体积,这就是稀硫酸的体积。

(2) 在球形漏斗颈适当位置用化学纤维缠绕数圈,防止锌粒下落。

(3) 由容器侧口处加入用硫酸铜溶液浸泡过的锌粒,再将漏斗插入,用玻璃棒将玻璃丝拨至容器细颈处后,将发生器放直,安上导管,打开旋钮,由上口加入稀硫酸至锌粒淹没(图 3-4);关闭旋钮,使固液分离,稀硫酸液面升至漏斗处(图 3-5)。

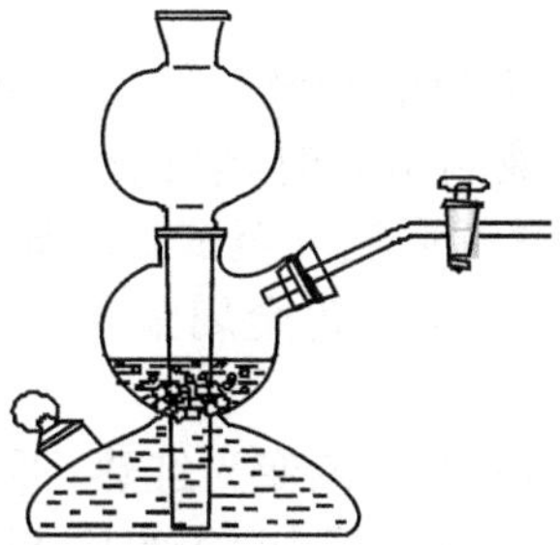

图 3-4　制取氢气装置(正在反应)

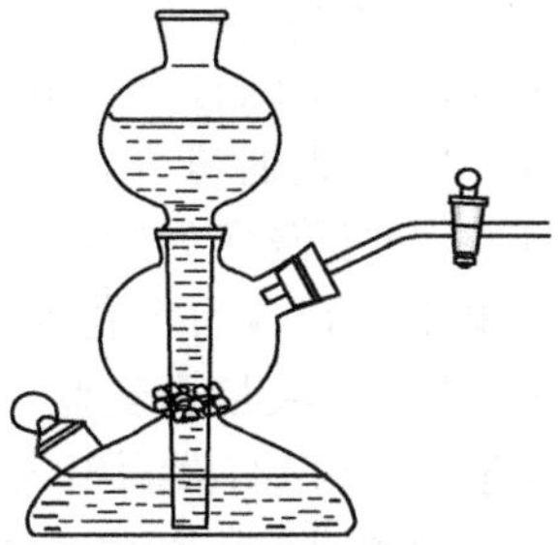

图 3-5　制取氢气装置(反应停止)

(二) 氢气的性质

1. 氢气纯度的检验

打开旋钮,用排水法收集一试管氢气,管口向下移近火焰,放开拇指,若有尖锐的爆鸣声,证明氢气不纯,要继续收集并检验,直至只发出轻微的“噗”声为止,此时氢气已纯,可以使用。

2. 氢气在空气中燃烧

检验纯度后,在导管上连接一尖嘴玻璃管,点燃后,在深色背景下观察氢气燃烧的火焰及实验现象。

实验现象:氢气在空气中安静地燃烧,发出淡蓝色火焰。在火焰上方罩一干燥而冷的烧杯,片刻烧杯内壁有液滴顺壁流下。

实验本质:$2H_2+O_2\xlongequal{点燃}2H_2O$

3. 氢气与空气混合气的爆鸣

取一小塑料瓶,在底部凿一火柴梗粗细小孔,食指堵住小孔,排水法集满氢气后,倒置于桌面上,口部垫上石棉网以保证空气通畅。点燃火柴,放开手指,用火柴梗捅透小孔水膜,点燃氢气,观察现象。

实验现象:开始火焰燃烧平静,可看到淡蓝色火焰。片刻后,空气从盒底口流入,积聚到一定比例,发生爆鸣。

实验本质:$2H_2+O_2\xlongequal{点燃}2H_2O$

4. 氢气吹肥皂泡

取 1 体积洗洁精用 2 体积蒸馏水配成溶液,用橡胶管在洗洁精溶液中蘸一下,管口仍朝下,慢慢开通氢气流,待肥皂泡出现后,将管口迅速反转朝上,轻轻摆动或用嘴吹气,肥皂泡脱离管口,用火分别在肥皂泡上方和下方点燃。

实验现象:在肥皂泡上方能够点燃,随着“噗”的一声,伴有黄色火球出现;在肥皂泡下方不能点燃。

实验本质:氢气的密度比空气小,$2H_2+O_2\xlongequal{点燃}2H_2O$

5. 氢气还原氧化铜

取一干燥的硬质试管，底部铺薄薄一层氧化铜并倾斜安装于铁架台上，管口略向下倾斜(图 3-6)，先通氢气，然后加热，当管口有液滴出现时，氧化铜加热部位由黑色变为红热，再慢慢变为紫红色。撤掉酒精灯，继续通氢气至试管冷却。检查紫红色的金属铜中是否含有氧化亚铜，可取少量制成的紫红色金属铜加入盛有稀硫酸的试管中，观察溶液是否变蓝。

实验现象：当管口有液滴出现时，氧化铜加热部位由黑色变为红热，再慢慢变为紫红色。取少量制成的紫红色金属铜加入盛有稀硫酸的试管中，溶液未变蓝。

实验本质：$CuO+H_2\xlongequal{\triangle}Cu+H_2O$

图 3-6　氢气还原氧化铜装置

【注意事项】

(1) 使用启普发生器时，容器底座的活塞最好用绳子扎紧，以免氢气压力过大，因为小颗粒的锌落入酸液中不断反应，产生大量氢气，冲开活塞。

(2) 为使反应速率更快，先将锌粒浸在硫酸铜溶液中至发黑，再加入发生器中。锌和铜可形成原电池，加快反应。

(3) 启普发生器使用完毕，用塞子堵住漏斗口，将发生器侧身，由下口倒出废酸液，拔下导管塞子，此处倒出剩余的锌，余锌要回收，将发生器用清水冲洗干净，擦干净磨口处凡士林并垫一硬纸收藏。

(4) 启普发生器使用过程中若要再加酸或锌，产生氢气之后必须先验纯后使用，否则会发生不安全事故。

(5) 氢气吹肥皂泡因玻璃管表面光滑，沾不住皂液，难以吹成，所以用橡胶管。此外还可用竹管代替。

(6) 氢气与空气的混合气体发生爆鸣的极限为 4%～74.2%(体积分数)。若筒内氢气纯度过高即超过爆鸣上限时，点火后首先是氢气安静燃烧。由于燃烧消耗氢气，使筒内压强变小，空气便从下口源源不断地进入筒内，当氢气的含量进入爆鸣范围，即发生爆鸣。传统的方法是用排气法收集氢气，筒内到底收集了多少氢气全凭经验，这就为点燃氢气能否使其爆鸣埋下隐患，教师无法把握是否能成功。

【思考与交流】

（1）实验室中不用金属 Al 或 Fe 与酸反应制 H_2，是因为 Al 与冷的稀 H_2SO_4 反应太慢，普通 Fe 与酸反应，生成的 H_2 中含有 H_2S 等杂质太多。同样，不能用盐酸代替 H_2SO_4，是由于盐酸易挥发，放热反应使生成的 H_2 中含有 HCl 气体。

（2）实验室制得的 H_2 有一股特殊气味，是 Zn 和酸不纯所致。其中含有 AsH_3（剧毒）、H_2S（剧毒）、SO_2 等。AsH_3 来自 H_2SO_4 中的微量砷，H_2S 来自 Zn 中的微量 ZnS，SO_2 是 H_2SO_4 的还原产物。可将气体通过 $KMnO_4$ 溶液除去 AsH_3，通过 NaOH 溶液除去 H_2S、SO_2，通过浓 H_2SO_4 除去水。

（3）将制得的 H_2 点燃，其火焰呈黄色，将玻璃管换为金属管后火焰仍然为黄色。这就不能简单地认为是玻璃中钠元素的干扰问题。取一双通的粗玻璃管，在铁架台上夹好后，在其背面贴上黑纸，造成一个深色背景，然后将具有黄色火焰的 H_2 导管伸入粗玻璃管内，慢慢上下移动，直到调节至火焰呈淡蓝色为止。该实验中，就是原来在玻璃导管上的黄色火焰，此处也呈淡蓝色。对此，我们可认为，氢焰在粗管中燃烧，就像在火焰上方挂了一个烟囱，加快了空气对流，供氧充分。

（4）启普发生器的使用优点是：用时只要使固、液体接触，就有气体发生；不用时只要关闭导管上的旋钮，液体因受容器内压力自动与固体分开，终止反应。实验时用它既方便又节约药品和时间。缺点是每次装药量太大，体积大，来回移动不方便。

拓展阅读

制备氢气有很多方法，HCl 为一元强酸，电离能力很强，H^+ 基本上全部电离，H_2SO_4 为二元酸，二级电离较弱，3mol/L H_2SO_4 实际电离出的 H^+ 小于 6mol/L HCl 电离出的 H^+。同时 $ZnCl_2$ 在水中的溶解度远大于 $ZnSO_4$ 在水中的溶解度。锌粒与盐酸的反应更易进行到底，所以一般情况下，锌粒与盐酸反应稍快，与硫酸反应稍慢。但锌粒与盐酸反应的缺点是反应过程产生大量的热，有大量白色 HCl 酸雾逸出，收集的 H_2 中还含有大量 HCl 气体，需除去 HCl 杂质。锌粒与硫酸反应虽然慢，但反应能持续进行，反应过程产生热量较少。随着硫酸的浓度升高，电离出的 H^+ 浓度增大，反应速率相应加快。硫酸既有强酸性又有强氧化性，当浓度过高时，主要表现为氧化性，此时锌粒表面被硫酸氧化，氧化膜把锌粒与硫酸隔离，反应开始后不久，反应速率逐渐变慢，反应持续进行的时间较短。加入硫酸铜后，可形成无数铜-锌微型原电池，反应能持续进行，反应速率相应加快。

氢气的制备与性质实验按教材中的实验程序操作要进行多次组装配套，若酸液或锌粒不足时更需要增加操作程序，浪费时间，若没有进行第二次验纯，还可能导致危险。

将装置进行改进后可以使反应随时发生和停止，实验现象明显（图 3-7）。在该装置中各种药品能做到反应完全，没有任何浪费。氢气的各种性质可在一套仪器中完成，不需要斟换，可以节省大量时间。由于短时间内用的药品量多，生成的氢气量足，产生的实验效果更加明显、直观。特别是氢气的燃烧实验，原来的装置反应面小，产生的氢气量少，燃烧时淡蓝色的火焰少，现象不明显，但是该装置克服了这一缺点。该装置使用后，放出的都是纯净的氢气，克服了点燃氢气的危险性。该装置是一次装配多次使用，为教师节省了课间准备和课堂装配的时间；给学生更多思考、练习、巩固的空间，起到事半功倍的效果。若在燃烧匙的下端缠一段铜丝，用硝酸代替盐酸或硫酸，还可以做制取 NO 和 NO_2 的实验。

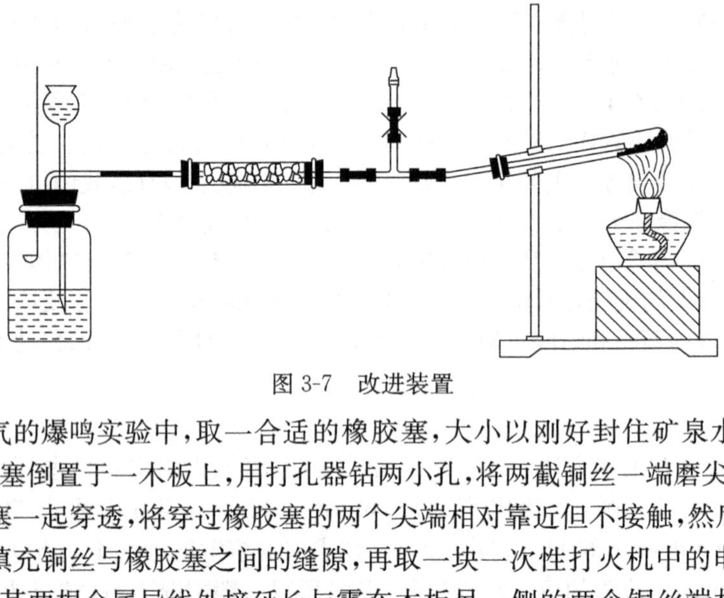

图 3-7　改进装置

在氢气的爆鸣实验中，取一合适的橡胶塞，大小以刚好封住矿泉水瓶瓶口为宜，将橡胶塞倒置于一木板上，用打孔器钻两小孔，将两截铜丝一端磨尖，从木板底连同橡胶塞一起穿透，将穿过橡胶塞的两个尖端相对靠近但不接触，然后热熔胶棒熔化灌注填充铜丝与橡胶塞之间的缝隙，再取一块一次性打火机中的电子打火压电陶瓷，将其两根金属导线外接延长与露在木板另一侧的两个铜丝端相连。将收集有爆鸣混合气体的塑料瓶倒扣在橡胶塞上，当按压电子打火装置时，两个靠近的铜丝尖端放电，产生电火花，即可引爆瓶中的混合气体。引爆装置采用电子打火控制，可调控爆鸣气与实验者的距离，绝对安全，控制容易，克服了学生直接点火引爆时容易紧张的问题。

实验四　物质的分离与提纯

Ⅰ. 粗盐的提纯

【实验目的】

(1) 掌握溶解、过滤、蒸发等实验的操作技能。

(2) 理解过滤法分离混合物的化学原理。

(3) 学会用沉淀方法除杂。

【实验原理】

粗盐中含有泥沙等不溶性杂质，以及 Ca^{2+}、Mg^{2+}、SO_4^{2-} 等可溶性杂质。不溶性杂质可以用过滤的方法除去，Ca^{2+}、Mg^{2+}、SO_4^{2-} 等离子可以通过生成沉淀而除去，然后蒸发水分得到较纯净的精盐。

$$Ba^{2+} + SO_4^{2-} = BaSO_4 \downarrow$$

$$Mg^{2+} + 2OH^- = Mg(OH)_2 \downarrow$$

$$Ca^{2+} + CO_3^{2-} = CaCO_3 \downarrow$$

【仪器与药品】

仪器：托盘天平、量筒、烧杯、玻璃棒、药匙、漏斗、铁架台（带铁圈）、蒸发皿、酒精灯、坩埚钳、胶头滴管、滤纸、火柴。

药品：粗盐、蒸馏水、1mol/L $BaCl_2$ 溶液、1mol/L NaOH 溶液、饱和 Na_2CO_3 溶液、6mol/L 盐酸。

【实验步骤】

(1) 溶解。称取约 5g 粗盐于小烧杯中，用量筒量取约 15mL 蒸馏水加入并用玻璃棒搅拌使其溶解。

(2) 过滤。滤纸折叠后用玻璃棒蘸水润湿使其紧贴漏斗内壁，并使滤纸上沿低于漏斗口，溶液液面低于滤纸上沿，倾倒液体的烧杯口要紧靠玻璃棒，玻璃棒的末端紧靠有三层滤纸的一边，漏斗末端紧靠盛接滤液的烧杯内壁（图 3-8）。过滤除去不溶性杂质。

(3) 沉淀。向滤液中依次加入足量的 $BaCl_2$ 溶液、NaOH 溶液、饱和 Na_2CO_3 溶液，观察到有白色沉淀生成，再将其过滤。

(4) 蒸发。向滤液中加入适量盐酸至溶液为中性。将得到的澄清滤液倒入蒸发皿。把蒸发皿放在铁架台的铁圈上，用酒精灯加热，同时用玻璃棒不断搅拌滤液，待蒸发皿中出现较多量固体时，停止加热，利用蒸发皿的余热使滤液蒸干（图 3-9）。

(5) 转移。用玻璃棒把固体转移到纸上，称量，计算产率。

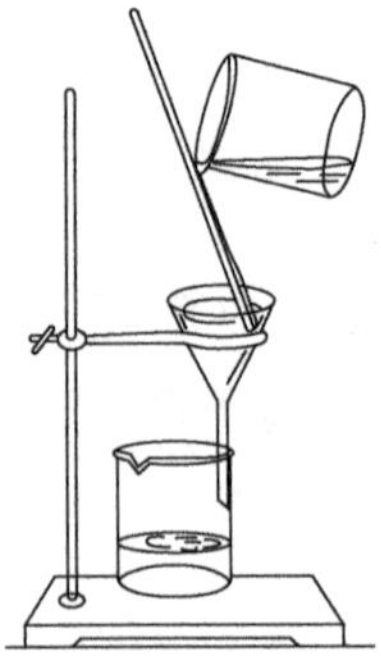
图 3-8　过滤

图 3-9　蒸发

【思考题】

(1) 过滤时应注意什么原则?

(2) 实验过程中玻璃棒的作用是什么?

Ⅱ. 实验室制取蒸馏水

【实验目的】

(1) 掌握另一种物质分离与提纯的方法——蒸馏。

(2) 了解蒸馏的基本原理,使用范围(场合)和被蒸馏物应具备的条件。

(3) 熟练掌握水制取蒸馏水仪器的组装和使用方法。

【实验原理】

从混合物中分离和提纯某些物质,除可用过滤、蒸发等方法外,对于液态混合物,还可以利用混合物中各组分的沸点不同,用蒸馏的方法除去易挥发、难挥发或不挥发的杂质。水中所含杂质主要是无机盐,一般是不挥发的。水加热到沸腾时,大量生成水蒸气,然后将水蒸气冷凝就可得到蒸馏水。

【仪器与药品】

仪器:铁架台、酒精灯、石棉网、蒸馏烧瓶、冷凝管、锥形瓶、温度计、碎瓷片。

【实验步骤】

(1) 将蒸馏烧瓶、冷凝管仪器装配好。

(2) 在蒸馏烧瓶中加入普通水(自来水)至烧瓶容积的 1/2 左右,再加入一些碎瓷片,然后用插有温度计(150℃)的橡胶塞塞紧,给蒸馏烧瓶加热。

(3) 当水温达到约 100℃时，水沸腾，水蒸气经过冷凝管冷凝后，收集在锥形瓶中，这就是蒸馏水(图 3-10)。

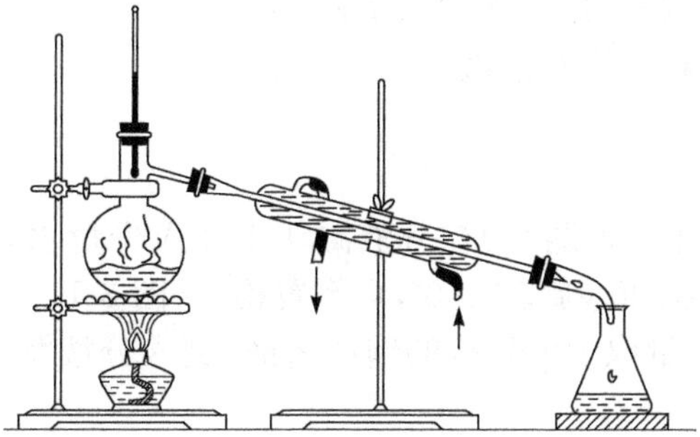

图 3-10　蒸馏

【注意事项】

(1) 烧瓶底要加垫石棉网。

(2) 蒸馏烧瓶中要投放沸石或碎瓷片防止暴沸。

(3) 温度计水银球应位于蒸馏烧瓶支管口。

(4) 冷凝水应下口进，上口出。

Ⅲ. 用四氯化碳萃取碘水中的碘

【实验目的】

(1) 掌握分离互不相溶的液体的方法——萃取。

(2) 学会使用分液漏斗。

【实验原理】

利用溶质在两种互不相溶的溶剂中的溶解度的差别，用溶解度较大的溶剂把溶质从溶解度较小的溶剂中提取出来的操作称为萃取。

将溶质从一种溶剂中转移到另一种溶剂中的过程称为萃取；将萃取后两种互不相溶的液体分开的操作称为分液。

资料卡片

萃取剂的选择

(1) 与原溶剂不互溶。

(2) 与溶质不发生化学反应。

(3) 溶质在萃取剂中的溶解度远大于溶质在原溶剂中的溶解度。

【仪器与药品】

仪器：分液漏斗、铁架台(带铁圈)、烧杯、量筒。

药品：四氯化碳、碘的饱和溶液。

【实验步骤】

(1) 检查分液漏斗是否漏水：在分液漏斗中注入少量水，塞上瓶塞，倒置检查是否漏水，若不漏水，把瓶塞旋转 180°，再倒置检查(图 3-11)。

(2) 加液：用量筒量取 10mL 碘的饱和溶液，倒入分液漏斗，然后注入 4mL 四氯化碳，盖好玻璃塞。

(3) 混合振荡：用右手压住分液漏斗口部，左手握住活塞部分，将分液漏斗倒转振荡，使两种液体充分接触(倒转分液漏斗时，应使上下两个玻璃活塞关闭)。

(4) 静置：将分液漏斗放在铁架台上，静置(图 3-12)。

(5) 分液：待液体分层后，将分液漏斗颈上的玻璃塞打开，或使塞上的凹槽(或小孔)对准漏斗上的小孔，再将分液漏斗下面的活塞拧开，使下层液体慢慢沿烧杯壁流下(图 3-13)。

图 3-11 倒转分液漏斗时应关闭玻璃塞和活塞

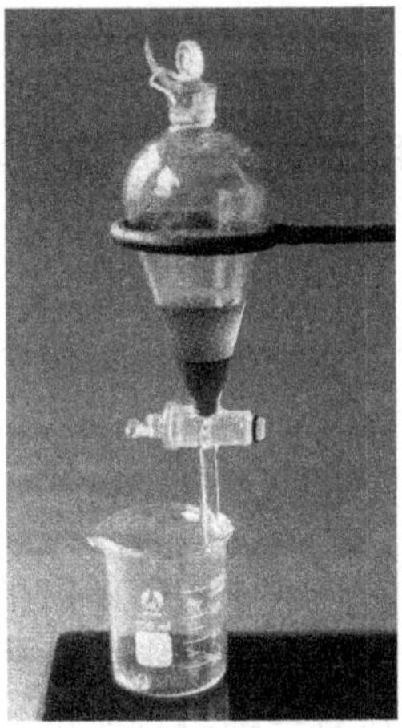

图 3-12 萃取

图 3-13 分液

实验五 常见金属及其化合物的性质

Ⅰ. 钠及其化合物的性质

【实验目的】

(1) 通过实验，了解钠及其化合物的性质。

(2) 熟练掌握验证钠及其化合物性质的实验操作。

【实验原理】

常温下，金属钠在空气中发生变化。实验室中，要把钠保存在石蜡油或煤油中，以隔绝空气。钠与氧气发生反应生成白色的氧化钠。

钠受热后，与氧气剧烈反应，产生黄色火焰，生成淡黄色固体过氧化钠（Na_2O_2）：

$$2Na+O_2 \xlongequal{\triangle} Na_2O_2$$

在点燃的条件下，钠在氯气中剧烈燃烧，产生黄色火焰和大量白烟：

$$2Na+Cl_2 \xlongequal{点燃} 2NaCl$$

钠的密度比水小，它的性质非常活泼，能与水发生剧烈反应，反应时放出的热使钠熔成小球，反应后得到碱性溶液：

$$2Na+2H_2O = 2NaOH+H_2\uparrow$$

过氧化钠与水反应生成氢氧化钠和氧气：

$$2Na_2O_2+2H_2O = 4NaOH+O_2\uparrow$$

过氧化钠与潮湿的二氧化碳的反应如下：

$$Na_2O_2(淡黄色)+2H_2O = 2NaOH+H_2O_2$$

$$2H_2O_2 = 2H_2O+O_2\uparrow$$

$$CO_2+2NaOH = Na_2CO_3(白色)+H_2O$$

碳酸钠受热很稳定，没有变化，而碳酸氢钠不稳定，受热易分解生成二氧化碳和水：

$$2NaHCO_3 \xlongequal{\triangle} Na_2CO_3+CO_2\uparrow+H_2O$$

碳酸钠和碳酸氢钠均显碱性，它们均能与稀盐酸反应，放出二氧化碳气体：

$$Na_2CO_3+2HCl = 2NaCl+CO_2\uparrow+H_2O$$

$$NaHCO_3+HCl = NaCl+CO_2\uparrow+H_2O$$

【仪器与药品】

仪器：烧杯、坩埚钳、酒精灯、铁架台、大试管、干燥管、单孔橡胶塞、玻璃丝、硬纸片、试管、药匙、胶头滴管、火柴、具支试管、分液漏斗、直玻璃管、玻璃导管、集气瓶、橡胶管、小试管、脱脂棉、气球、天平、量筒。

药品：金属钠、高锰酸钾、浓盐酸、蒸馏水、酚酞试剂、过氧化钠、碳酸钙、7mol/L 盐酸、稀盐酸、碳酸钠、碳酸氢钠、澄清石灰水、无水硫酸铜。

【实验步骤】

（一）钠单质

1. 钠在空气中的反应

取一小块金属钠，用滤纸吸干表面的煤油，用小刀切去一端的表层，观察表面的颜色和光泽。将其放置在空气中，观察表面的颜色变化。

取 50mL 小烧杯（最好是比较薄的玻璃烧杯，加热时应力较小，避免炸裂），先用坩埚钳夹住小烧杯边缘，在酒精灯焰上来回均匀预热烧杯底部，然后投入绿豆大小的金属钠继续来回移动烧杯，灼烧金属钠到开始明火燃烧时，将烧杯移开，使其自然燃烧完毕（注意此时不能将烧杯放在桌上，否则烧杯会炸裂），并自然冷却，再将烧杯放在桌上。

2. 钠与氯气的反应

(1) 取一支大试管，塞入带干燥管的橡胶塞，用铁夹把大试管固定在铁架台上。

(2) 取下带干燥管的橡胶塞，在干燥管内垫一层玻璃丝，往试管内加入约 1g 高锰酸钾晶体，再注入约 2mL 浓盐酸，立即塞紧橡胶塞，用一小块硬纸片盖住干燥管。

(3) 高锰酸钾与浓盐酸反应产生氯气，当干燥管内出现黄绿色气体时，移开硬纸片，向干燥管内投入用滤纸吸干煤油的绿豆大的金属钠。

3. 钠与水的反应

在烧杯中加入水，滴几滴酚酞试剂，然后把一小块钠放入水中，观察实验现象。

钠的性质实验

实验编号	实验现象	结论
1		
2		
3		
4		

（二）钠的重要化合物

1. 过氧化钠

(1) 过氧化钠与水反应：把水滴入盛有少量过氧化钠固体的试管中，立即把带火星的木条放在试管口，检验生成的气体。用手轻轻摸一摸试管外壁，有什么感觉？然后向反应后的溶液中滴入酚酞试剂，观察现象。

(2) 过氧化钠与二氧化碳反应：称取 10g 碳酸钙固体放入具支试管底部，量取

30mL 7mol/L 盐酸于分液漏斗中，再取三药匙过氧化钠粉末于直玻璃管中央，按图 3-14 连接装置。缓缓打开分液漏斗活塞，发生反应，观察具支试管和直玻璃管中的实验现象。反应一段时间后，用带火星的木条检验集气瓶中收集的气体。

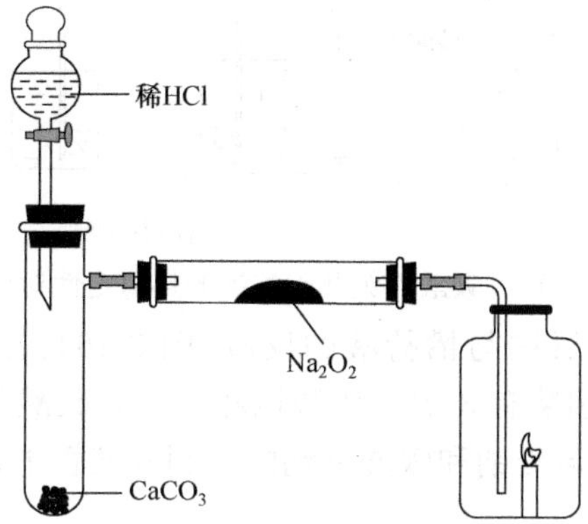

图 3-14　过氧化钠与二氧化碳反应

2. 碳酸钠和碳酸氢钠

向两支试管中分别加入少量碳酸钠和碳酸氢钠(各约 1g)：①观察二者外观上的细小差别。分别滴几滴水，振荡试管，观察现象。用手摸一摸试管底部，有什么感觉？②继续向试管内加入 10mL 水，用力振荡，有什么现象？③向试管内滴入 1～2滴酚酞试剂，各有什么现象？

记录实验现象并得出初步结论。

步骤	Na_2CO_3	$NaHCO_3$
①		
②		
③		
初步结论		

(1) 碳酸钠和碳酸氢钠热稳定性的比较：①按图 3-15 连接装置，并检查装置的气密性；②取下该装置，在具支试管及小试管内分别加入等量(2～3g)的碳酸钠和碳酸氢钠粉末，并在干燥管内加入适量无水硫酸铜粉末，在管口处放一小团脱脂棉，然后在烧杯 1 和烧杯 2 内倒入澄清石灰水，重新搭好装置；③用酒精灯在具支试管下部加热 2～3min，随后观察烧杯 1 和烧杯 2 中的现象，得出碳酸钠和碳酸氢钠的热稳定性大小。

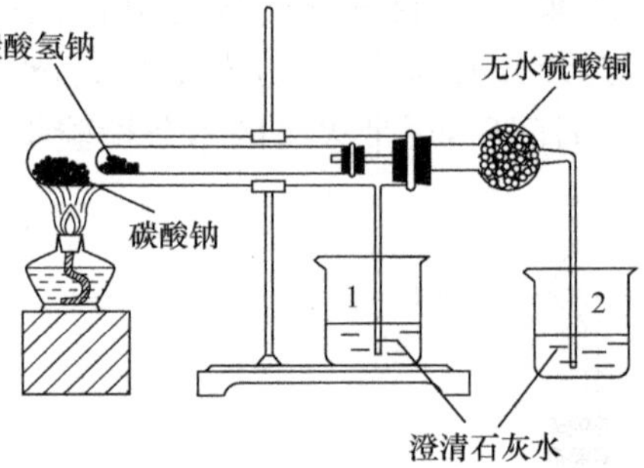

图 3-15　碳酸氢钠和碳酸钠的热稳定性对比

(2) 碳酸钠和碳酸氢钠与稀盐酸的反应(图 3-16):在两支试管中分别加入 3mL 稀盐酸,将两个分别装有 3.72g 碳酸钠和 2.94g 碳酸氢钠粉末的气球套在两支试管口。将气球内的碳酸钠和碳酸氢钠同时倒入试管中,观察反应现象,判断两个反应的快慢。

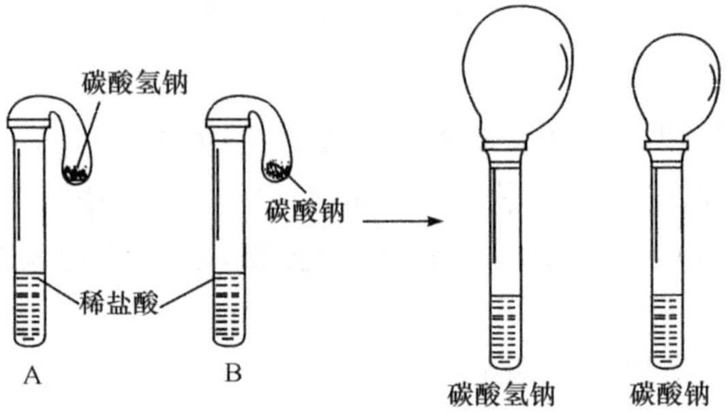

图 3-16　碳酸钠和碳酸氢钠与稀盐酸的反应

Ⅱ. 镁的性质

【实验目的】

(1) 通过实验,了解镁的性质。

(2) 熟练掌握验证镁性质的实验操作。

【实验原理】

镁是一种活泼金属,但不易与冷水作用,加热时能与沸水发生反应,产生气泡:

$$Mg+2H_2O \xlongequal{\triangle} Mg(OH)_2+H_2\uparrow$$

镁能在二氧化碳中燃烧,生成氧化镁和碳:

$$2Mg+CO_2 \xlongequal{点燃} 2MgO+C$$

【仪器与药品】

仪器：试管、纸条、胶头滴管、试管夹、酒精灯、火柴、砂纸、坩埚钳、集气瓶、锥形瓶、分液漏斗、玻璃导管。

药品：镁粉、蒸馏水、酚酞试剂、镁条、石灰石、稀盐酸。

【实验步骤】

(一) 镁与水的反应

取一支试管，将纸条折成槽状送少量镁粉于试管底部，用胶头滴管加入适量蒸馏水（注意不要将试管内壁弄潮），用试管夹夹住，在酒精灯上加热，观察试管底有无气泡产生，稍稍振荡试管。若有气泡产生，反应一段时间后，用燃着的木条在试管口点燃气体。反应完毕后，在试管中滴入酚酞试剂，观察现象。

(二) 镁与二氧化碳的反应

用石灰石与稀盐酸反应，收集一瓶二氧化碳气体，备用。取一根 4～5cm 长的镁条，用砂纸将表面的氧化膜擦去，用坩埚钳夹持镁条，在酒精灯上点燃后，伸入充满二氧化碳的集气瓶中，观察现象。

Ⅲ. 铁及其化合物的性质

【实验目的】

(1) 通过实验，了解铁及其化合物的性质。

(2) 熟练掌握验证铁及其化合物性质的实验操作。

【实验原理】

铁可以与水蒸气发生反应：

$$3Fe+4H_2O(g)=\!=\!=Fe_3O_4+4H_2\uparrow$$

氢氧化亚铁可以用可溶性亚铁盐与碱溶液反应制得：

$$Fe^{2+}+2OH^-=\!=\!=Fe(OH)_2\downarrow$$

但氢氧化亚铁非常不稳定，被空气中的氧气氧化为氢氧化铁：

$$4Fe(OH)_2+O_2+2H_2O=\!=\!=4Fe(OH)_3$$

从而观察不到氢氧化亚铁的白色。本实验对此进行改进，以获得稳定的氢氧化亚铁。

氧化性较强的物质遇到还原性较强的物质时，有可能发生氧化还原反应。Fe^{3+} 遇到较强的还原剂时，被还原成 Fe^{2+}；而 Fe^{2+} 在较强的氧化剂作用下被氧化成 Fe^{3+}。Fe^{3+} 和 Fe^{2+} 在一定条件下可以相互转化。

【仪器与药品】

仪器：硬质试管、酒精灯、铁架台、玻璃导管、蒸发皿、坩埚钳、火柴、脱脂棉、试管、胶头滴管、药匙、玻璃棒。

药品：铁粉、蒸馏水、洗洁精溶液（最好加几滴甘油，可使氢气泡增大且稳定）、2mol/L H_2SO_4溶液、2mol/L NaOH 溶液、$FeCl_2$ 溶液、$FeCl_3$ 溶液、KSCN 溶液。

【实验步骤】

（一）铁单质

铁与水蒸气的反应：

（1）按图 3-17 连接装置，检查装置气密性。

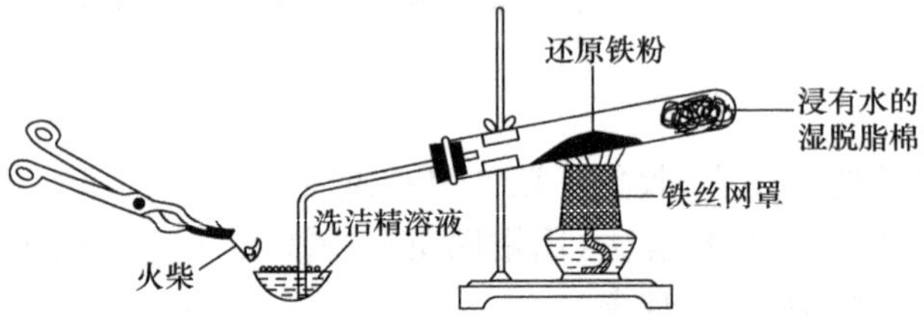

图 3-17　铁与水蒸气的反应

（2）将浸有少量蒸馏水的湿脱脂棉放入试管底部，用药匙向试管中央送入两药匙还原铁粉，重新连接装置，开始加热。

（3）加热一段时间后，再将导管口伸入洗洁精溶液中（导管口先不要伸到洗洁精溶液中，因为开始排出的是空气），当气泡在液面聚集较多时，用燃着的木条靠近气泡点燃，当听到"噗"的一声时，证明是氢气。

（4）实验结束时，先从洗洁精溶液中撤出导管，再移开燃着的酒精灯并熄灭。

（二）铁的重要化合物

1. 铁的氢氧化物

（1）制备稳定的氢氧化亚铁：向试管中加入两药匙还原铁粉，然后加入 10～15mL 2mol/L H_2SO_4溶液，振荡。待试管内充满氢气时，用玻璃棒向试管内塞入一团疏松的脱脂棉，使脱脂棉的大部分浸没在溶液中。反应一段时间后，当脱脂棉上方有一段澄清的溶液后，向溶液中快速加入煮沸冷却后的 2mol/L NaOH 溶液，观察现象（图 3-18）。

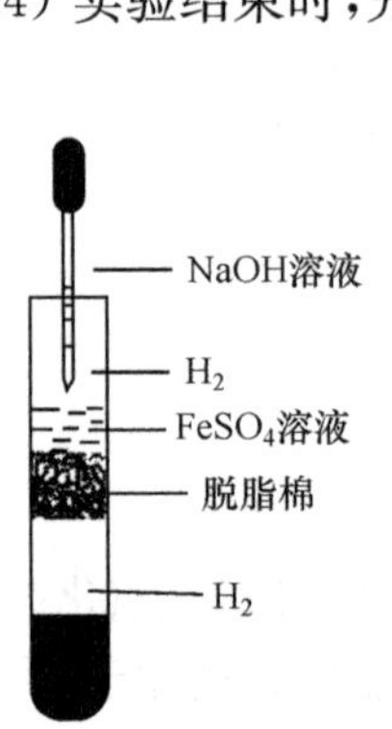

图 3-18　氢氧化亚铁的制备

(2) Fe^{3+}的检验:在两支试管中分别加入 5mL $FeCl_2$溶液和 5mL $FeCl_3$溶液,各滴几滴 KSCN 溶液,观察现象并记录。含有 Fe^{3+} 的盐溶液遇 KSCN 溶液变成红色,可利用这一反应检验 Fe^{3+} 的存在:

$$Fe^{3+}+3SCN^{-}\!=\!=\!=Fe(SCN)_3$$

(3) Fe^{3+} 和 Fe^{2+} 的转化:在盛有 2mL $FeCl_3$溶液的试管中加入少量铁粉,振荡试管。充分反应后,滴几滴 KSCN 溶液,观察现象并记录。把上层清液倒入另一支试管,再加入几滴氯水,又发生什么变化?

实验内容	实验现象	反应的离子方程式
$FeCl_3$溶液中加入铁粉、KSCN 溶液		
上层清液加氯水,振荡		

Ⅳ. 铝及其化合物的性质

【实验目的】

(1) 通过实验,了解铝及其化合物的性质。

(2) 熟练掌握验证铝及其化合物性质的实验操作。

【实验原理】

铝是一种活泼金属,容易与氧气发生反应。常温下,金属铝被空气中的氧气氧化,表面生成一层致密的氧化物薄膜,阻止内部的金属继续与氧气反应。

当金属铝在氧气中燃烧时,发生的反应为

$$4Al+3O_2\xlongequal{点燃}2Al_2O_3$$

铝是一种两性金属,既能与酸反应,也能与碱反应:

$$2Al+6HCl\!=\!=\!=2AlCl_3+3H_2\uparrow$$

$$2Al+2NaOH+2H_2O\!=\!=\!=2NaAlO_2+3H_2\uparrow$$

常温下,铝遇浓硝酸、浓硫酸会在表面生成致密的氧化膜而发生钝化,从而阻止内部金属进一步发生反应。

【仪器与药品】

仪器:坩埚钳、酒精灯、砂纸、火柴、试管、集气瓶、水槽、铁架台、脱脂棉、量筒。

药品:高锰酸钾、水、铝箔、浓硝酸、浓硫酸、盐酸(6mol/L、2mol/L)、氢氧化钠溶液(6mol/L、2mol/L)、0.5mol/L 硫酸铝溶液、氨水、铝条。

【实验步骤】

（一）铝单质

1. 铝与氧气的反应

（1）用坩埚钳夹住一小块铝箔（铝箔厚度为 0.262～0.290mm，宽度为 2.4～3.8cm），在酒精灯上加热至熔化，轻轻晃动。仔细观察现象。

（2）再取一块铝箔，用砂纸仔细打磨（或在酸中处理后，用水洗净），除去表面的保护膜，再加热至熔化。又有什么现象？

（3）将铝片剪成长 5～8cm、宽 0.2～0.3cm 的铝条，绕成螺旋状，一端绕紧一根火柴。实验时，用坩埚钳夹紧铝条的一端，点燃铝条上的火柴，待火柴即将燃完时，将铝条伸入盛有氧气的集气瓶（瓶底盛有少量水）中，观察现象。

2. 铝与酸、碱的反应

将几小段用砂纸打磨过的铝条分别放入四支洁净的试管中，再向试管中分别加入浓硝酸、浓硫酸、6mol/L 盐酸、6mol/L 氢氧化钠溶液各 3mL，观察实验现象。过一段时间后，将点燃的木条分别放在几支试管口，有什么现象？

与铝反应的物质	实验现象	结论或化学方程式
浓硝酸		
浓硫酸		
6mol/L 盐酸		
6mol/L 氢氧化钠溶液		

（二）铝的重要化合物

1. 氢氧化铝的制备

在试管中加入 10mL 0.5mol/L 硫酸铝溶液，滴加氨水，生成白色胶状物。继续滴加氨水，直到不再产生沉淀为止。

$$Al_2(SO_4)_3+6NH_3\cdot H_2O=\!=\!=2Al(OH)_3\downarrow+3(NH_4)_2SO_4$$

2. 氢氧化铝的两性

取少量氢氧化铝沉淀，分装在两支试管中，一支试管中滴加 2mol/L 盐酸，另一支试管中滴加 2mol/L 氢氧化钠溶液。边加边振荡，观察现象。

$$Al(OH)_3+3H^+=\!=\!=Al^{3+}+3H_2O$$

$$Al(OH)_3+OH^-=\!=\!=AlO_2^-+2H_2O$$

3. 氢氧化铝加热分解

用玻璃棒取胶状的氢氧化铝放在酒精灯火焰上灼烧，短时间就能观察到胶状氢氧化铝变疏松，最后变成粉末状的氧化铝，风轻轻一吹，氧化铝粉末就从玻璃棒上飘落。

$$2Al(OH)_3 \overset{\triangle}{=\!=\!=} Al_2O_3 + 3H_2O$$

实验六 电解水及饱和食盐水

【实验目的】

(1) 了解电解水及饱和食盐水的反应。

(2) 了解电解的原理及应用。

(3) 探索电解水及电解饱和食盐水的生成物。

【实验原理】

(一) 水的电解

阴极反应：$2H^+ + 2e^- \longrightarrow H_2\uparrow$

阳极反应：$4OH^- - 4e^- \longrightarrow 2H_2O + O_2\uparrow$

总反应：$2H_2O = 2H_2\uparrow + O_2\uparrow$

(二) 饱和食盐水的电解

阴极反应：$2H^+ + 2e^- \longrightarrow H_2\uparrow$

阳极反应：$2Cl^- - 2e^- \longrightarrow Cl_2\uparrow$

总反应：$2NaCl + 2H_2O = H_2\uparrow + Cl_2\uparrow + 2NaOH$

【仪器与药品】

仪器：霍夫曼电解器、直流低压电源、具支 U 形管、石墨电极、铁电极、导线、试管、酒精灯、火柴。

药品：固体 NaCl、0.1mol/L 硫酸溶液、氢氧化钠溶液、酚酞试剂、淀粉-碘化钾试纸。

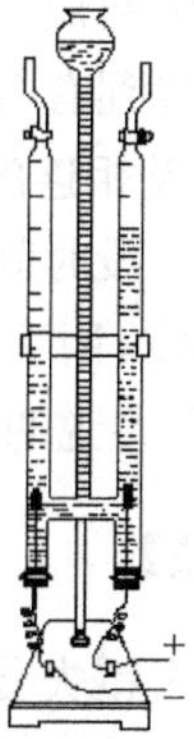

图 3-19 霍夫曼电解器

【实验步骤】

(一) 电解水

(1) 图 3-19 为霍夫曼电解器，检查各部件，要求玻璃活塞不漏气，装电极的橡胶塞不漏液。

(2) 打开活塞，从球形漏斗中加入 0.1mol/L 硫酸溶液(在水中加入少量稀硫酸或氢氧化钠溶液是为了增强水的导电性)至最高刻度处,赶尽气泡后关闭旋钮,接通直流电源,观察现象,思考玻璃管中生成的是什么气体。

(3) 将一根带火星的小木条平放在与电源正极相连的玻璃管尖嘴处,打开活塞,观察现象。

(4) 打开与电源负极相连的玻璃管活塞,在玻璃管尖嘴处点燃或用一支小试管收集生成的气体移至酒精灯火焰处,观察现象。

(二) 电解饱和食盐水

(1) 如图 3-20 所示,在具支 U 形管中装入滴有酚酞试剂的饱和食盐水,用导线连接碳棒和直流电源。

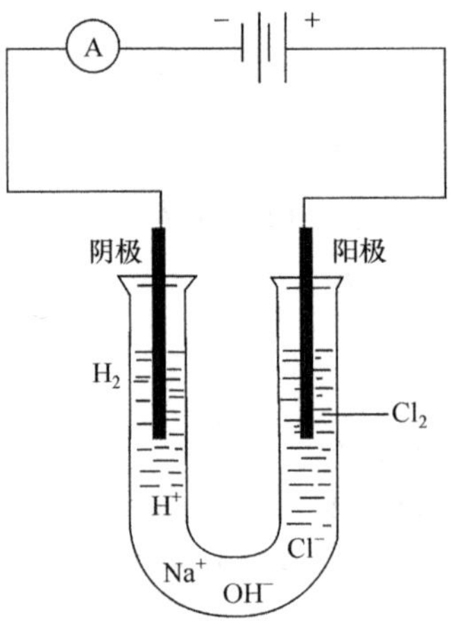

图 3-20　电解饱和食盐水实验装置

(2) 接通低压直流电源(6～12V),注意观察 U 形管内发生的现象。

(3) 看到有气泡产生后,将与电源正极相连的一侧导管伸入氢氧化钠溶液中,与电源负极相连的一侧的导管伸入倒置试管的底部,收集气体。

(4) 一段时间后,用湿润的淀粉-碘化钾试纸检验与电源正极相连的一侧导管放出的气体;用手指堵住收集气体的倒置试管管口,移近酒精灯的火焰,迅速移开手指,听到尖锐的爆鸣声或"噗"的声音。

【注意事项】

(1) 用霍夫曼电解器时,电解液为 5%硫酸溶液或 5%氢氧化钠溶液,加入的电解质并不参与电极反应,主要是为了增强导电性。

(2) 饱和食盐水在电解前一定要精制,除去其中的 Ca^{2+}、Mg^{2+},以避免在阴极附近出现白色浑浊现象。方法是：向盛有 36g NaCl 的烧杯中加入蒸馏水，边加热边搅拌，制成饱和溶液。待稍冷却，滴入 2 滴酚酞试剂，再加入含有 NaOH 和 Na_2CO_3各 2g 的混合溶液至碱性。静置数小时，待沉淀形成后过滤，将滤液加热至沸腾，稍冷后滴加盐酸至酚酞刚好变为无色为止。

实验七　纤维素的水解

【实验目的】

(1) 了解纤维素水解的实验过程和操作方法。

(2) 复习含有醛基的有机化合物的性质。

【实验原理】

(1) 纤维素在一定温度和浓硫酸提供的酸性环境条件下发生水解，最终生成葡萄糖：

$$\underset{\text{纤维素}}{(C_6H_{10}O_5)_n} + nH_2O \longrightarrow \underset{\text{葡萄糖}}{nC_6H_{12}O_6}$$

(2) 葡萄糖分子中含有醛基，因此具有较强的还原性，在碱性条件下能将新制得的氢氧化铜还原为红色的氧化亚铜沉淀；能与银氨溶液在水浴加热下发生银镜反应。反应方程式为

$$C_6H_{12}O_6 + Cu(OH)_2 \xrightarrow{\text{浓硫酸}} CH_2OH(CHOH)_4COOH + Cu_2O\downarrow + H_2O$$

$$C_6H_{12}O_6 + 2Ag(NH_3)_2OH \xrightarrow{\triangle} C_5H_{11}O_5COONH_4 + 3NH_3 + 2Ag\downarrow + H_2O$$

【仪器与药品】

仪器：烧杯、玻璃棒、试管、酒精灯、石棉网、三脚架。

药品：浓硫酸、NaOH、无水 Na_2CO_3、pH 试纸、6mol/L NaOH 溶液、0.2mol/L $AgNO_3$溶液、2% $CuSO_4$溶液、2mol/L 氨水、蒸馏水、脱脂棉。

【实验步骤】

(1) 将浓硫酸与水按 7∶3(体积比)的比例配制硫酸溶液，搅拌均匀后，冷却至室温。

(2) 在一个清洁干燥的小烧杯中加入约 2mL 配制好的硫酸溶液，放入一小团(约 0.1g)脱脂棉，用玻璃棒充分搅拌，形成淡棕色黏稠液体。将一半溶液转入一支大试管中，如果黏稠液不呈透明状，可稍加热直到溶液呈亮棕色透明状为止。再用冷水浴冷却。

(3) 用固体 NaOH 中和溶液，直至溶液变为黄色，再加无水 Na_2CO_3 调节溶液 pH 至 9。

(4) 取一支洁净的小试管，将(3)中溶液滴加到试管中，向亮棕色溶液中加入过量的 6mol/L NaOH 溶液，至溶液 pH>11。用蒸馏水将中和后的溶液稀释至透明的浅棕色，向溶液中滴入 3 滴 2% $CuSO_4$ 溶液，将试管置于酒精灯上加热，观察现象。

(5) 另取一支洁净的试管，加入 3mL 0.2mol/L $AgNO_3$ 溶液，逐滴加入 2mol/L 氨水至生成的沉淀恰好溶解。回滴 $AgNO_3$ 至溶液刚出现浑浊为止，再滴加半滴氨水，即得到银氨溶液。

(6) 在银氨溶液中慢慢加入(3)中所得溶液，溶液呈浅棕灰色，水浴加热，观察现象。将反应后液体倒入废液缸，向试管中加入少量稀 HNO_3 溶解银镜，回收。

【注意事项】

(1) 配制的硫酸溶液浓度不能太大，否则会将纤维素炭化；浓度也不可过低，否则纤维素无法水解。

(2) 在稀释后的水解液中加入氢氧化钠、碳酸钠是为了中和硫酸，同时可以根据不再产生二氧化碳气泡来判断反应已完全。

(3) $Cu(OH)_2$ 一定要是新配制的，否则影响实验现象，得不到砖红色沉淀或得到很少的沉淀。

(4) 做银镜实验时，试管要洁净(最好向试管中注入 1/3 体积的 10% NaOH 溶液，煮沸 1～2min，倒入另一待洗的试管中，然后用水冲洗干净。再用质量分数为 10%的盐酸煮沸 1～2min，用水冲洗干净，即可使用)，否则只得到黑色疏松的银沉淀，没有银镜产生或产生的银镜不光亮。

(5) 配制银氨溶液时，加入的氨水要适量。氨水的浓度不能太大，滴加氨水的速度一定要缓慢，否则氨水容易过量。氨水过量会降低试剂的灵敏度，且容易生成爆炸性物质(叠氮化银)。

实验八　氯气的制取与性质

【实验目的】

(1) 掌握实验室制取、收集氯气的方法，学会无污染化操作。

(2) 通过实验，了解氯气的物理化学性质。

【实验原理】

实验室制取氯气：$MnO_2+4HCl \xlongequal{\triangle} MnCl_2+2H_2O+Cl_2\uparrow$

钠与氯气反应：$2Na+Cl_2 \xlongequal{点燃} 2NaCl$

铜与氯气反应：$Cu+Cl_2 \xlongequal{点燃} CuCl_2$

铁与氯气反应：$2Fe+3Cl_2 \xlongequal{点燃} 2FeCl_3$

氢气与氯气反应：$H_2+Cl_2 \xlongequal{点燃} 2HCl$

氯气与水发生化学反应，生成的次氯酸具有漂白性，遇到有色物质时，能破坏其中的有机色质使有色物质褪色。反应式为

$$Cl_2+H_2O \xlongequal{} HCl+HClO$$

【仪器与药品】

仪器：铁架台（带铁圈、铁夹）、石棉网、酒精灯、火柴、分液漏斗（配双孔塞）、圆底烧瓶、玻璃导管、三通管、橡胶管、集气瓶、玻璃片、烧杯、试管及试管架、氢气发生器、铁丝、水槽、坩埚钳、镊子、小刀、红纸、脱脂棉、硬纸片、止水夹、塑料瓶、护目镜。

药品：MnO_2、浓盐酸、浓硫酸、10% NaOH 溶液、饱和 NaCl 溶液、凡士林、金属钠、铜丝、铁丝。

【实验步骤】

（一）氯气的制取

（1）如图 3-21 所示，安装制取氯气的装置，检查装置的气密性。

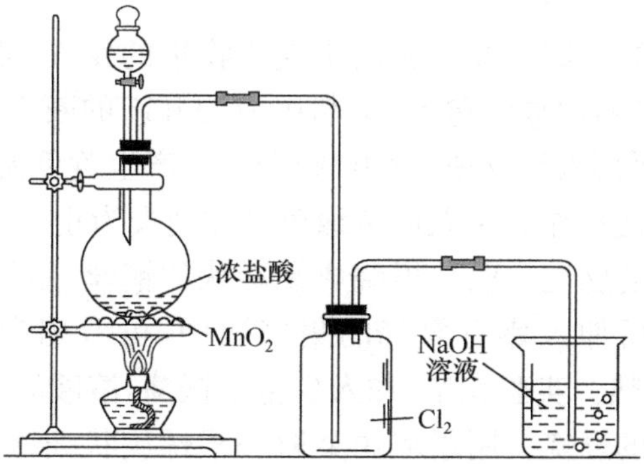

图 3-21　氯气的制取

(2) 向蒸馏烧瓶中加入 10g MnO_2。

(3) 实验开始，先从分液漏斗向烧瓶中滴入浓盐酸直至将 MnO_2 浸没，然后用酒精灯稍加热(温度不超过 90℃)，反应剧烈时，可移开酒精灯。若要收集到干燥的氯气，可在发生器与集气瓶间加装一个盛浓硫酸的洗气瓶；若要收集到较纯净的氯气，可用排饱和食盐水法(图 3-22)，验满的最直接的方法就是观察法。此外，还可用湿润的淀粉-碘化钾试纸验满。为避免氯气外溢，可在瓶口涂上一薄层凡士林，再用玻璃片盖严。

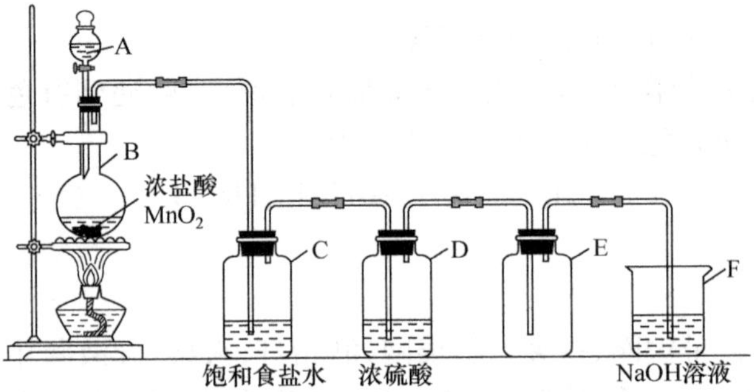

图 3-22　氯气的收集

实验完毕，拆卸装置要在通风橱内进行，用热的稀碱液洗涤蒸馏烧瓶，废液统一收集在废液槽内。吸附在器壁上的褐色物质(MnO_2)可用浓盐酸加热洗涤。

(二) 氯气的性质

(1) 取一个盛满氯气的集气瓶，观察氯气的颜色，稍打开玻璃片，用手轻轻在瓶口扇动，使极少量的氯气飘入鼻孔，闻氯气的气味。

(2) 取一支盛满氯气的试管，将其倒扣在水槽中，静置一段时间后，观察现象。

(3) 钠在氯气中的燃烧。取一瓶用排气法收集的氯气，瓶口盖一石棉网。取一块吸净煤油的金属钠，用滤纸包裹，一端用刀切开新的断面，将该断面在石棉网眼上摩擦，产生的钠屑落入氯气瓶，发出“劈啪”声，产生黄色火焰，落入瓶底变为白色颗粒，此为 NaCl。此操作直到瓶内黄绿色气体消失为止。

(4) 铜在氯气中的燃烧。取一根绕成螺旋状的铜丝，用坩埚钳夹住后在酒精灯上加热至红热，然后伸入盛有氯气的集气瓶中，可看到产生大量棕黄色的烟($CuCl_2$)，铜丝持续红热。实验完毕，加入少量水振荡，溶液呈蓝绿色。

(5) 铁在氯气中的燃烧。用坩埚钳夹取一根螺旋状细铁丝，在酒精灯上烧至红热后，立即伸入氯气瓶中，可看到瓶内充满棕色的烟($FeCl_3$)。加入少量水振荡，生成黄色溶液。

(6) 氢气在氯气中燃烧。在氢气发生装置的尖嘴管上点燃氢气，慢慢伸入盛满氯气的集气瓶中，这时氢气继续燃烧，火焰呈苍白色，并发出“嗡嗡”声，瓶内充满酸雾。

(7) 氢气和氯气混合气体的爆鸣实验。在同一水槽内用排饱和食盐水法收集纯净的氯气和氢气，用同一塑料瓶，先收集半瓶氯气（或略大于半瓶），再收集氢气，混合后，用塑料板盖在瓶口，天晴时用日光即可引爆，或用火柴点燃引爆（操作时戴上护目镜）。

(8) 氯气的漂白作用。取两片红纸，一片润湿后放入氯气瓶中，另一片干燥红纸放入氯气瓶中，观察现象。

【注意事项】

(1) 实验前要检查装置的气密性。

(2) 从分液漏斗向烧瓶中要慢慢加入浓盐酸，缓缓加热。

(3) 钠在氯气中燃烧实验，集气瓶要干燥，钠表面煤油要除净，否则煤油燃烧，产生黑烟影响实验效果，钠屑要注意处理（可烧掉）。

(4) 氢气和氯气混合气体的爆鸣实验，氯气和氢气的纯度要高，可用排饱和食盐水法收集气体。

(5) 实验时戴上护目镜，注意安全。

(6) 实验完毕后，先撤导管，后撤酒精灯。

(7) 氯气有毒，会污染空气，尾气要用氢氧化钠溶液吸收。

资料卡片

氯气的用途：

(1) 作漂白剂、杀菌、消毒剂（利用 HClO 的强氧化性）。

(2) 制盐酸（利用 Cl_2 与 H_2 的反应）。

(3) 制漂白粉［利用 Cl_2 与 $Ca(OH)_2$ 的反应］。

(4) 制农药（利用 P 与 Cl_2 反应生成 PCl_3）。

(5) 制氯仿等有机溶剂。

实验九　浓度、温度、催化剂对化学反应速率的影响

拓展阅读

研究背景

对于化学反应，可以从静态和动态的角度两个方面进行研究。化学热力学从静态的角度，解决了化学反应进行中能量转换、过程方向、限度以及各种平衡

性质的计算问题;化学动力学则从动态的角度,主要研究化学反应速率和探求反应机理。化学反应速率用来衡量化学反应快慢程度,是研究化学反应快慢的最基础的概念之一,属于化学动力学的范畴。化学反应速率理论是研究化学反应的重要理论之一,与化学平衡理论密切相关,也是高中阶段要学习的重要理论之一,对中学化学各部分知识的学习有着重要的影响。

影响化学反应速率的因素,除化学反应体系内的性质外,还有浓度、温度、催化剂、压强等外部条件。学生通过探究浓度、温度、催化剂对化学反应速率的影响,不但可以较好地理解化学反应速率这个比较抽象的概念以及化学反应速率理论,而且可以通过实验,使抽象的理论获得具体的载体,明确浓度、温度、催化剂等条件对化学反应速率影响的实质,同时深刻地体会到控制反应条件对化学实验的重要性。

【实验目的】

(1) 通过实验,学会研究化学反应速率的基本方法。

(2) 通过定性和定量的实验,进一步认识控制反应条件对化学实验的重要性。

【实验研究方法】

本实验采用实验比较法,实验条件的控制法。

【实验原理】

(一) $Na_2S_2O_3$与H_2SO_4的反应

$Na_2S_2O_3$与H_2SO_4反应生成不溶于水的硫,使溶液变浑浊。其离子方程式为

$$S_2O_3^{2-}+2H^+ = SO_2\uparrow+S\downarrow+H_2O$$

浓度对化学反应反应速率的影响:通常化学反应速率用单位时间内反应物浓度的减少或生成物浓度的增加表示,即$v=\Delta c/\Delta t$,其中v表示化学反应速率,Δc表示反应物或生成物浓度的变化(绝对值),Δt表示时间的变化。通过控制其他变量(如温度、催化剂等),改变$Na_2S_2O_3$的浓度,测量不同浓度的$Na_2S_2O_3$溶液与H_2SO_4反应的时间,最后经过实验数据对比,定量研究反应物浓度对化学反应速率的影响。

温度对化学反应速率的影响很大,多数情况下,温度升高,反应速率增大。根据范特霍夫提出的经验规则,温度每升高10℃,则反应速率增加2~4倍。通过$Na_2S_2O_3$与H_2SO_4在不同温度下反应的快慢,可以定性地研究温度对化学反应速率的影响。

(二) H_2O_2的分解反应

$$2H_2O_2 = 2H_2O+O_2\uparrow$$

催化剂对化学反应速率的影响：催化剂能加快反应速率，是因为它能改变反应的途径，使反应所需的活化能降低，反应体系中含有的活化分子百分数提高，从而使有效碰撞的概率提高，反应速率增大。

【仪器与药品】

仪器：小烧杯（若干）、试管、量筒、酒精灯、温度计、秒表、白纸、双面胶、火柴。

药品：0.1mol/L $Na_2S_2O_3$溶液、0.1mol/L H_2SO_4溶液、5% H_2O_2溶液、MnO_2、蒸馏水。

【实验步骤】

（一）浓度对化学反应速率的影响

取3个小烧杯，编号分别为1、2、3，用黑色笔在3张白纸上画出粗细相等的“十”字，并用双面胶将其分别贴在1、2、3号小烧杯的外底中央。按下表规定的数量先分别在小烧杯中加入$Na_2S_2O_3$溶液和蒸馏水并摇匀，这时从小烧杯口可以清楚地看到“十”字，然后取出3支试管，分别加入2mL H_2SO_4溶液，再分别同时将3支试管中的H_2SO_4溶液分别加入3个小烧杯中，搅拌并开始记录时间，到溶液出现的浑浊使小烧杯底部的“十”字看不见时，停止记录。将记录的时间填入下表。

编号	$Na_2S_2O_3$溶液体积/mL	加H_2O的体积/mL	加H_2SO_4的体积/mL	出现浑浊所用时间/s
1	2	8	2	
2	6	4	2	
3	8	0	2	

（二）温度对化学反应速率的影响

将实验（一）所用的小烧杯洗净，保留黑色“十”字，并按下表规定的数量分别加入$Na_2S_2O_3$溶液和蒸馏水并摇匀。将1、2号小烧杯分别放在盛水的大烧杯中，使1号小烧杯的水保持室温，2号小烧杯放在50℃左右的水浴中，然后加入2mL H_2SO_4溶液，并开始记录时间，到溶液出现的浑浊使小烧杯底部的“十”字看不见时，停止计时。将记录的时间填入下表。

编号	$Na_2S_2O_3$溶液体积/mL	加H_2O的体积/mL	加H_2SO_4的体积/mL	温度	出现浑浊所用时间/s
1	5	5	2	室温	
2	5	5	2	50℃	

（三）催化剂对化学反应速率的影响

在一支试管中加入 3mL H_2O_2溶液，观察是否有气泡产生，再加入少量 MnO_2 粉末，观察是否有气泡产生，用带火星的木条放在试管口，观察现象。

本实验所用的药品种类和用量都较少，操作简便，实验现象明显。选用了对比实验定量地说明浓度、温度对化学反应速率的影响，使实验现象更直观，更具有说服力。

【注意事项】

H_2O_2 对皮肤、眼睛和黏膜有刺激作用，使用时不要沾到皮肤上。一旦 H_2O_2 沾在皮肤上或溅入眼内，应立即用大量清水冲洗。

实验十　浓度、温度对化学平衡的影响

【实验目的】

（1）理解化学平衡的移动。

（2）初步认识浓度、温度对化学平衡的影响。

【实验原理】

（1）当氯化钴溶液中加入浓盐酸或氯化钙，由于氯离子浓度增大，平衡向正反应方向移动，溶液由粉红色变为蓝色；当溶液稀释时，平衡向逆反应方向移动，溶液由蓝色变为粉红色。

$$\underset{\text{粉红色}}{Co(H_2O)_6^{2+}} + 4Cl^- \rightleftharpoons \underset{\text{蓝色}}{CoCl_4^{2-}} + 6H_2O$$

（2）氯化钴的水合物加热时逐步失去结晶水，呈现不同的颜色：

$$\underset{\text{粉红色}}{CoCl_2 \cdot 6H_2O} \xrightleftharpoons{25\sim52^\circ C} \underset{\text{紫色}}{CoCl_2 \cdot 2H_2O} \xrightleftharpoons{90^\circ C} \underset{\text{蓝紫色}}{CoCl_2 \cdot H_2O} \xrightleftharpoons{120^\circ C} \underset{\text{蓝色}}{CoCl_2}$$

在此反应中，由于 Co^{2+} 水解能力较弱，所以随着温度升高，$CoCl_2 \cdot 6H_2O$ 并不发生水解反应，只是逐步失去结晶水。当加热时温度升高，平衡逐渐向右移动，$CoCl_2 \cdot 6H_2O$逐渐失去结晶水变为蓝色的 $CoCl_2$。失去的结晶水与乙醇互溶，冷却时平衡又左移，逐步结合结晶水生成粉红色的 $CoCl_2 \cdot 6H_2O$。当温度发生改变时，氯化钴的颜色在粉红色和蓝色之间变化。同样由于丙酮与水也可以任意比例互溶，因此丙酮也可以使氯化钴晶体失去结晶水变成蓝色。

【仪器与药品】

仪器：试管（若干）、酒精灯、试管夹、胶头滴管。

药品：六水合氯化钴晶体(玫瑰红色)、95%乙醇、蒸馏水、浓盐酸、0.5mol/L氯化钴溶液。

【实验步骤】

实验1：取一支洁净的试管加入3.0mL 0.5mol/L氯化钴溶液(粉红色)，然后逐滴加入约6mL浓盐酸，观察现象。然后将上述试管中的溶液一分为二，加入蒸馏水与另一支试管对照，观察现象。

实验2：取两支试管，分别加入3.0mL 95%乙醇溶液和少量(2～3粒)六水合氯化钴晶体，振荡使其溶解(溶液显蓝色)，再逐滴滴加蒸馏水，至溶液恰好呈粉红色，然后用酒精灯加热一支试管片刻，观察实验过程中的颜色变化，最后将两支试管对比。冷却后，再观察两支试管的颜色变化。

实验内容	实验现象	实验结论
稀释酸性$CoCl_2$溶液时溶液颜色变化		
稀释、加热$CoCl_2 \cdot 6H_2O$乙醇溶液时的颜色变化		

实验十一　测定酸碱滴定曲线

【实验目的】

(1) 初步掌握测定溶液pH的方法。

(2) 学会使用滴定管，能进行酸碱滴定，并能绘制滴定过程中的pH变化曲线，了解酸碱中和过程中溶液pH的变化规律。

(3) 测定待测酸或碱的浓度。

【实验原理】

(1) 定义：酸碱中和滴定是用已知物质的量浓度的酸(或碱)测定未知浓度的碱(或酸)的方法。

(2) 在酸碱中和反应中，使用一种已知物质的量浓度的酸(或碱)溶液与未知浓度的碱(或酸)溶液完全中和，测出二者的体积，根据化学方程式中酸和碱的物质的量的比值，就可以计算出碱(或酸)的溶液浓度：

$$c_{酸}V_{酸}=c_{碱}V_{碱}\text{(一元酸和一元碱)}$$

酸碱滴定曲线是以酸碱中和滴定过程中滴加酸(或碱)的体积为横坐标，以溶液pH为纵坐标绘制的一条溶液pH随酸(或碱)的滴加体积而变化的曲线。它描述了酸碱中和滴定过程中溶液pH的变化情况，其中酸碱滴定终点附近的pH突变情况对于酸碱滴定中如何选择合适的酸碱指示剂具有重要意义。

【仪器与药品】

仪器:酸式滴定管、碱式滴定管、滴定管夹、锥形瓶、铁架台、pH 计、烧杯、白纸。

药品:0.1000mol/L HCl 溶液、0.1000mol/L NaOH 溶液、未知浓度的 NaOH 溶液、酚酞试剂、蒸馏水。

【实验仪器使用说明】

(1) pH 计。pH 计有多种型号,使用方法不尽相同,使用时参见说明。

(2) 滴定管。滴定管是内径均匀、带有刻度的细长玻璃管,下端有用于控制液体流量的玻璃活塞(或由橡胶管、玻璃球组成的阀)。滴定管主要用于精确放出一定体积的溶液,滴定管分为酸式滴定管和碱式滴定管。酸式滴定管用于盛装酸性溶液,不能装碱性溶液。

拓展阅读

滴定管使用方法

(1) 检查仪器:使用前,先检查活塞是否漏水,确保不漏水后才可使用。

(2) 润洗仪器:在加入酸、碱反应液之前,洁净的酸式滴定管和碱式滴定管还要分别用所要盛装的酸、碱溶液润洗两三遍。

(3) 加入反应液:分别将酸、碱反应液加入酸式滴定管、碱式滴定管中,使液面位于滴定管刻度"0"以上 2~3cm 处,并将滴定管垂直固定在滴定管夹上。

(4) 调节起始读数:在滴定管下放一个烧杯,调节活塞,使滴定管尖嘴部分充满反应液(如果滴定管内部有气泡,应快速放液以赶走气泡),并使液面处于某一刻度,准确读取读数并记录。

(5) 放出反应液:根据实验需要从滴定管中逐滴放出一定量的液体。

【实验步骤】

(一) 测定酸碱滴定曲线

(1) 向酸式滴定管中注入 0.1000mol/L HCl 溶液,向碱式滴定管中注入 0.1000mol/L NaOH 溶液。

(2) 从酸式滴定管放出 20.00mL 0.1000mol/L HCl 溶液至锥形瓶中,再滴加 2 滴酚酞试剂,用 pH 计测定其 pH 并记录在表中。

(3) 通过碱式滴定管向盐酸中滴加 NaOH 溶液,并不断振荡。滴定过程中要测定锥形瓶内溶液的 pH,并记录,反应开始时测定和记录的 pH 间隔可稍大,反应终点附近测定和记录的间隔要小。

NaOH 溶液滴定 HCl 溶液的实验记录

V(NaOH)/mL														
pH														

(4) 根据数据，以 NaOH 溶液的体积为横坐标、pH 为纵坐标，绘制滴定曲线。

（二）测定 NaOH 溶液的浓度

(1) 向酸式滴定管中注入 0.1000mol/L HCl 溶液，调节液面至“0”或“0”刻度以下，记录读数 V_1。

(2) 取一个洁净的锥形瓶，从酸式滴定管中放出约 25mL HCl 溶液于锥形瓶中，记录读数 V_2。

(3) 向碱式滴定管中注入未知浓度的 NaOH 溶液，调节液面至“0”或“0”刻度以下，记录读数 V'_1。

(4) 向盛放 HCl 溶液的锥形瓶中滴加 2 滴酚酞试剂，将锥形瓶移至碱式滴定管下，轻轻挤压碱式滴定管的玻璃球，向锥形瓶中慢慢滴加 NaOH 溶液，边滴加边振荡锥形瓶，至溶液恰好出现红色且 30s 内红色不褪去，记录滴定管的读数 V'_2。

(5) 重复以上实验，并将数据填入表中。

测定 NaOH 溶液的物质的量浓度的实验记录

滴定次数	V(HCl)/mL			V(NaOH)/mL			c(NaOH)/(mol/L)	
	V_1	V_2	V_2-V_1	V'_1	V'_2	$V'_2-V'_1$	c(NaOH)	平均值
1								
2								
3								

【思考题】

(1) 量取和计量反应过程中酸、碱溶液所使用的滴定管能否用量筒代替？并说明原因。用滴定管有什么优点？

(2) 酸式滴定管为什么不能盛装碱性溶液？

(3) 滴定管加入反应液之前为什么要用所要盛装的反应液润洗？

(4) 如果滴定管下端尖嘴中有气泡存在，对实验结果可能有什么影响？

(5) 读取读数时应注意什么问题？

实验十二　中和反应反应热的测定

【实验目的】

(1) 理解并掌握强酸和强碱反应的中和热的计算原理。

(2) 掌握强酸和强碱反应的中和热的测定步骤。

(3) 掌握强酸和强碱反应的中和热测定中的误差分析。

【实验原理】

(一) 反应原理

$$H^+(aq)+OH^-(aq)=\!=\!=H_2O(l)\quad \Delta H=-57.3kJ/mol$$

(二) 计算方法

强酸和强碱反应：

$$Q=mC\Delta t$$

式中，Q 为中和反应放出的热；m 为反应混合液的质量；C 为反应混合液的比热容；Δt 为反应前后溶液温度的差值。

因为 $m=V_{酸}\rho_{酸}+V_{碱}\rho_{碱}$，$V_{酸}=V_{碱}=50mL$，而酸的浓度是 0.50mol/L，碱的浓度是 0.55mol/L，且 $\rho_{酸}=\rho_{碱}=1g/cm^3$，$C=4.18J/(g\cdot ℃)$，所以 $Q=0.418(t_2-t_1)$，单位 kJ。

中和热 ΔH(kJ/mol)计算公式：

$$\Delta H=-\frac{0.418(t_2-t_1)}{0.025}$$

【仪器与药品】

仪器：大烧杯(500mL)、小烧杯(100mL)、温度计、量筒(50mL)两个、泡沫塑料(或纸条)、泡沫塑料板或硬纸板(中心有两个小孔)、环形玻璃搅拌棒。

药品：0.50mol/L HCl 溶液、0.55mol/L NaOH 溶液。

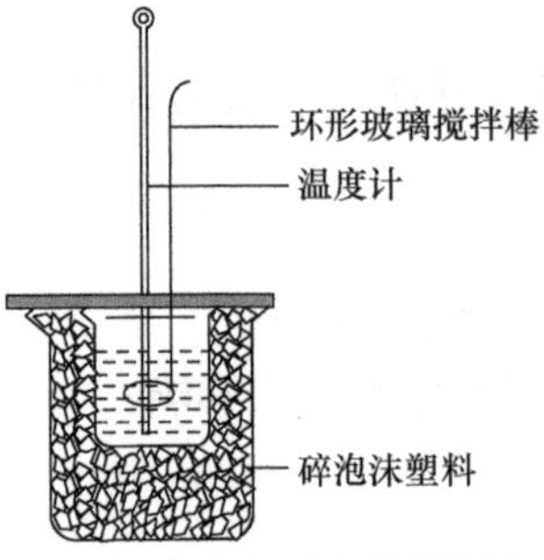

图 3-23　中和反应热的测定

【实验步骤】

(1) 在大烧杯底部垫泡沫塑料(或纸条)，使放入的小烧杯杯口与大烧杯杯口相平。然后在大、小烧杯之间填满碎泡沫塑料(或纸条)，大烧杯上用泡沫塑料板(或硬纸板)作盖板，在板中间开两个小孔，正好使温度计和环形玻璃搅拌棒通过，如图 3-23 所示。

(2) 用量筒量取 50mL 0.50mol/L HCl 溶液，倒入小烧杯中，并用温度计测量 HCl 溶液的温度，记入下表。然后把温度计上的酸用水冲洗干净。

(3) 用另一个量筒量取 50mL 0.55mol/L NaOH 溶液，并用温度计测量 NaOH 溶液的温度，记入下表。

实验次数	起始温度 t_1/℃		终止温度 t_2/℃	温度差 (t_2-t_1)/℃
	HCl	NaOH		
1				
2				
3				

(4) 把温度计和环形玻璃搅拌棒放入小烧杯的 HCl 溶液中，并把量筒中的 NaOH 溶液一次倒入小烧杯(注意不要洒到外面)。用环形玻璃搅拌棒轻轻搅动溶液，并准确读取混合溶液的最高温度，记为终止温度，记入上表。

【实验数据处理】

取三次测量所得数据的平均值作为计算依据。

t_1/℃	t_2/℃	(t_2-t_1)/℃

根据实验数据计算中和热。

【实验误差分析】

实验所测得的数据若不是为 57.3kJ/mol，则产生误差可能的原因是：

(1) 量取溶液的体积有误差(测量结果是按 50mL 酸、碱进行计算，实际量取时，多于 50mL 或小于 50mL 都会造成误差)。

(2) 温度计的读数有误。

(3) 实验过程中有液体洒在外面。

拓展阅读

实验过程中的疑点、难点解析

(1) 大小烧杯放置时，为什么要使两杯口相平？填碎纸条的作用是什么？对此装置，有什么更好的建议？

答：两杯口相平，可使盖板把杯口尽量盖严，从而减少热量损失；填碎纸条的作用是保温隔热，减少实验过程中的热量损失。若换用隔热、密封性能更好的装置(如保温杯)会使实验结果更准确。

(2) 温度计上的酸为什么要用水冲洗干净？冲洗后的溶液能否倒入小烧杯？为什么？

答：因为该温度计还要用来测碱液的温度，若不冲洗，温度计上的酸会和碱发生中和反应而使热量散失，所以要冲洗干净；冲洗后的溶液不能倒入小烧杯，若倒入，会使总溶液的质量增加，从而导致实验结果误差。

(3) 酸、碱混合时，为什么要把量筒中的 NaOH 溶液一次倒入小烧杯而不能缓缓倒入？

答：因为本实验的关键是测反应的反应热，若动作迟缓，将会使热量损失而使误差增大。

(4) 实验中所用 HCl 和 NaOH 的物质的量比为什么不是 1∶1 而是 NaOH 过量？若用 HCl 过量可以吗？

答：为了保证 0.50mol/L HCl 溶液完全被 NaOH 溶液中和，采用 0.55mol/L NaOH 溶液，使碱稍过量。若使 HCl 溶液过量也是可以的。

实验十三　肥皂的制备

【实验目的】

(1) 理解肥皂的制造原理，掌握其制造方法。
(2) 掌握肥皂制备实验的操作技能。

【实验原理】

肥皂的主要成分是高级脂肪酸钠，可由动物脂肪或植物油与 NaOH 溶液发生皂化反应制取，反应的化学方程式为

$$\begin{array}{l} C_{17}H_{35}COOCH_2 \\ \quad\quad\quad\quad\;| \\ C_{17}H_{35}COOCH \\ \quad\quad\quad\quad\;| \\ C_{17}H_{35}COOCH_2 \end{array} + 3NaOH \xrightarrow{\triangle} \underset{\text{硬脂酸钠}}{3C_{17}H_{35}COONa} + \underset{\text{甘油}}{\begin{array}{l} CH_2OH \\ | \\ CHOH \\ | \\ CH_2OH \end{array}}$$

反应完成后，生成的高级脂肪酸钠、甘油和水形成混合物。为了将高级脂肪酸钠从混合物中分离出来，需要向其中加入饱和食盐水(或食盐细粒)以降低高级脂肪酸钠的溶解度，使其从混合物中析出，浮到水面上。此过程为盐析。

最后，将分离出的高级脂肪酸钠与填充剂(如松香、硅酸钠等)混合，再干燥、成型，便可制得肥皂成品。

【仪器与药品】

仪器：酒精灯、三脚架、称量天平、玻璃棒、烧杯、石棉网、布氏漏斗、量筒。

药品：30% NaOH 溶液、95%乙醇、植物油、饱和食盐水、蒸馏。

【实验步骤】

(1) 皂化：量取 5mL 30% NaOH 溶液、5mL 95%乙醇、5mL 植物油，加入 100mL 小烧杯中，用玻璃棒搅拌均匀后，用沸水浴加热，同时用玻璃棒不断搅拌。待试管中反应物成一相时，搅拌下继续加热 15min。为了弥补蒸发的水和乙醇，在加热过程中应添加 5mL 水和 10mL 95%乙醇。当液面出现泡沫，并覆盖整个液面时，停止加热。

(2) 盐析：皂化完全后，向制得的黏稠液体中缓缓倒入 30mL 温热饱和食盐水并搅拌，冷却后，将产物抽滤，所得固体用冰水冲洗干净。

(3) 定型：将抽滤得到的固体定型，冷凝固化。

【注意事项】

在皂化步骤中，当混合液液面出现泡沫时，要继续搅拌并且更充分地搅拌。

【思考题】

(1) 在制备过程中，加入饱和食盐水和乙醇的作用分别是什么？

(2) 有的同学制出的肥皂中仍含有油脂，你认为是什么原因？可采取哪些措施避免这种情况出现？

(3) 实验过程中，如何用简单方法判断皂化反应是否进行完全？

(4) 皂化完成后，加入饱和 NaCl 溶液的作用是什么？观察到的现象是什么？

拓展阅读

肥皂主要制备方法

肥皂的制备原理就是油脂的皂化反应，下面以不同种类的肥皂来介绍其不同的制备方法。

1. 冷制皂

冷制是相对于工业皂所采用的热熔法而言的。油脂、氢氧化钠溶液混合后，发生皂化反应。除混合前需将固体的油脂加热熔化成液体外，在成皂的过程中不需要高温加热。反应完成后，皂液入模使其自然干燥，待三至五周后脱模便可直接使用。

2. 热制皂

利用热制法做成的肥皂，是在油脂与氢氧化钠进行皂化反应至稠状阶段时，再以断续加热的方式，使其快速皂化。脱模后放置一周使水分蒸发，即可使用。

3. 再生皂

再生皂又称研磨皂，是对冷制皂的再次加工、优化。将脱模后的冷制皂刨成丝，加入添加物(牛奶、花茶等)，加热，使皂丝由固体转为液体，再重新固化即得到研磨皂。研磨皂很适合用来制作后期添加其他营养物质的肥皂。因为后期添加的物质，如娇嫩的油脂或其他营养护肤物质，不会被强碱破坏营养成分。如果对于已固化成型的皂体不满意，可以用研磨后再加热的方式重新制作。

4. 熔化再制皂

熔化再制皂是利用购买的透明皂基，加热使其熔化，添加色素、香精，入模制作而成。熔化再制法的制作过程比较简单，适合手工皂教学。

实验十四　喷泉实验设计

【实验目的】

(1) 了解氨气的性质。

(2) 掌握氨气喷泉实验的操作技能。

【实验原理】

利用浓氨水的挥发性，在浓氨水中加入氢氧化钠固体(或生石灰)后，氢氧化钠固体(或生石灰)溶于浓氨水中放出热，加速浓氨水的挥发，迅速放出氨气。

$$NH_3 \cdot H_2O \xlongequal{\triangle} NH_3\uparrow + H_2O$$

喷泉形成的原因是烧瓶内的气体溶于水后，瓶内压强骤减，与外界大气压产生很大的压强差。

氨气极易溶于水，常温常压下，1 体积水可以溶解 700 体积氨气，利用这一特点可以做氨气的喷泉演示实验。

【仪器与药品】

仪器：铁架台、圆底烧瓶、橡胶管、单孔橡胶塞、塑料瓶、橡皮筋、尖嘴玻璃管、短玻璃导管、pH 试纸。

药品：18%～25%浓氨水、NaOH 固体、酚酞试剂、蒸馏水。

【实验步骤】

（一）氨气的制备

称取 1g 固体 NaOH，量取 2mL 浓氨水于一支小试管中，安装装置，收集一瓶氨气（用湿润的 pH 试纸检验是否集满），用塞子塞好待用。

（二）喷泉实验

用带有玻璃管和胶头滴管（预先吸入水）的塞子塞紧盛满氨气的烧瓶口。倒置烧瓶，使玻璃管插入盛有水的烧杯（预先在水中滴入少量酚酞试剂）。轻轻挤压滴管，使少量水进入烧瓶（图 3-24）。观察并描述现象。

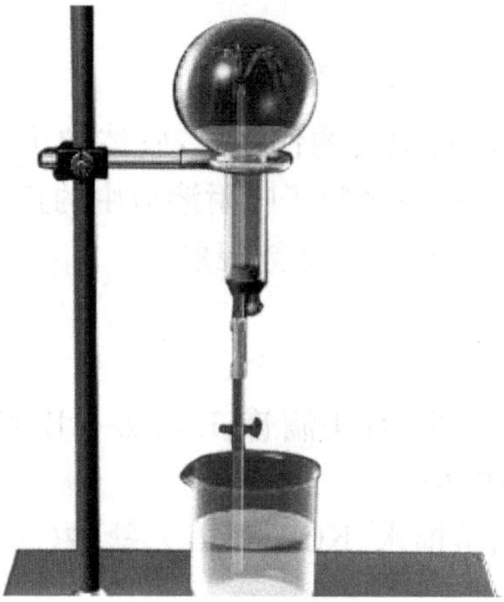

图 3-24 喷泉实验

【注意事项】

(1) 装置的气密性必须完好，这是实验成功的关键，塞子、导管和橡胶管的连接处均不能漏气。

(2) 圆底烧瓶要干燥。

(3) 氨气要充满圆底烧瓶。

【思考题】

(1) 为什么氨气可以用来做喷泉实验，取决于它的什么性质？

(2) 氨气使烧杯中的溶液由无色变为红色，原因是什么？用离子方程式表示。

(3) 是否易溶于水的气体都可以做喷泉实验？一些难溶于水的气体能否用来做喷泉实验？

(4) 吸收液有什么作用？吸收液是否一定要用水？其他液体是否可以？

实验十五　胶体的制备及电泳

【实验目的】

(1) 了解胶体的制备方法,掌握操作技能。

(2) 掌握胶体的相关性质,能解释胶体的电泳现象。

【实验原理】

(一) 制备 $Fe(OH)_3$胶体

$$FeCl_3+3H_2O = Fe(OH)_3(胶体)+3HCl$$

(二) 电泳实验

由于胶体粒子带有电荷,在电场的作用下,胶体粒子在分散剂中做定向移动,这种现象称为电泳。$Fe(OH)_3$ 胶体粒子吸附溶液中的正离子而带正电,在电场作用下,胶体粒子向负极移动,从而产生电泳现象。

【仪器与药品】

仪器:酒精灯、小烧杯、量筒、胶头滴管、DYCZ-41B 型电泳仪及 U 形电泳槽、DDS-307 型电导率仪、电导电极。

药品:饱和 $FeCl_3$溶液、蒸馏水、KCl(A. R.)、盐酸(A. R.)。

【实验步骤】

(一) 制取 $Fe(OH)_3$胶体

向 50mL 小烧杯中加入 25mL 蒸馏水,加热,待蒸馏水煮沸时向其中滴入5～6滴饱和 $FeCl_3$溶液,继续煮沸至溶液呈红褐色,停止加热(用激光照射检验其有无丁铎尔效应)。

(二) 电泳实验

1. 纯化 $Fe(OH)_3$胶体

待所制 $Fe(OH)_3$胶体冷却后,将其注入渗析袋中,在蒸馏水中渗析 Cl^- 。

2. 辅助液的选择

用 KCl 作辅助液,由于 K^+ 和 Cl^- 的迁移速率基本相等,两极间迁移速率也基本相等,胶体与辅助液界面清晰。调节 KCl 溶液的电导率,使其与 $Fe(OH)_3$胶体的电导率相等,以此作为辅助液。

3. 电泳

用铬酸洗液及蒸馏水洗净 DYCZ-41B 型 U 形电泳槽，烘干，用铁架台固定电泳管，插入铂电极(图 3-25)。从加液漏斗处加入 45～50mL 配好的 KCl 溶液，然后缓缓小心地从加液漏斗加入已纯化的 $Fe(OH)_3$胶体[先加入的 KCl 液面缓缓上升，KCl 和 $Fe(OH)_3$胶体之间有一明显的清晰界面]，直到胶体上面的 KCl 溶液完全浸没铂电极时停止加入胶体。接通电源，在 30～40V 电压下进行实验。

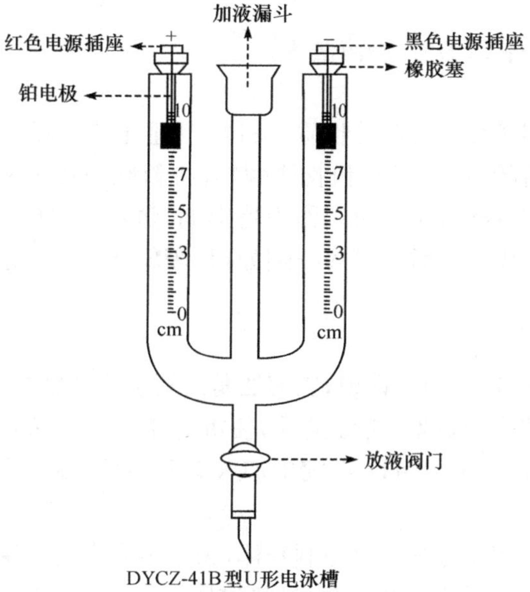

图 3-25　电泳装置

【注意事项】

(1) U 形电泳槽一定要洗干净，烘干，以免影响电泳实验现象的观察。

(2) 注入 $Fe(OH)_3$胶体时，要尽量小心缓慢，防止扰动胶体和溶液的界面。

【思考题】

(1) 如何用最有效、最准确的方法区分胶体和其他分散系?

(2) 溶胶粒子电泳速度的快慢与哪些因素有关? 实验中如何控制这些因素?

(3) 电泳中辅助液的选择依据哪些条件?

(4) 胶体在现实生活中有哪些应用? 举例说明。

拓展阅读

胶体主要制备方法

制备胶体的必要条件是使分散质粒子大小为 1～100 nm。胶体是不稳定体系，在制备过程中还要加入稳定剂(如电解质或表面活性物质)。制备方法原则上有两种，一是使固体颗粒变小的分散法；二是使分子或离子聚结成胶体的凝聚法。

(一) 分散法

常用的分散法有研磨法、胶溶法等。

1. 研磨法

这种方法适用于脆而易碎的物质。例如，工业上为了得到胶体石墨(用于涂电视机显像管背后的玻璃外壁)和胶体颜料，将粗颗粒放入胶体磨，充分研细。在研磨过程中需加一些丹宁或明胶作为稳定剂，防止所得的胶体凝聚。对于柔韧性好的物质必须先硬化后再粉碎。例如，将废轮胎粉碎，先用液氮处理，硬化后再研磨。

2. 胶溶法

胶溶法又称解胶法，换句话说，胶溶法是向新生成并经过洗涤的沉淀中加入适宜的电解质溶液作稳定剂，再经搅拌，使沉淀重新分散成胶体颗粒而形成胶体。例如，在新生成的 $Fe(OH)_3$沉淀中加入少量 $FeCl_3$稀溶液，可制得红棕色的 $Fe(OH)_3$胶体。

这种方法一般用于化学凝聚法制胶体，为了将多余的电解质离子除去，先将胶粒过滤，洗涤，然后尽快分散在含有胶溶剂的介质中，形成胶体。

3. 其他分散法

其他分散法还有利用超声波 (频率大于 16 000Hz)产生的能量进行分散的超声波分散法；制备金、银、铂等金属水胶体的电弧法。

(二) 凝聚法

凝聚法有多种，应用也比分散法广泛，主要可分为化学反应法和物理凝聚法等。

1. 化学反应法

所有反应，只要能生成难溶物，都可以通过控制反应条件制备胶体。利用化学反应的凝聚法制胶体时，不必外加稳定剂，它的稳定剂一般是某一过量的反应物。

1) 水解反应

教材中介绍的 $Fe(OH)_3$胶体的制备，利用的就是 $FeCl_3$的水解反应：

$$FeCl_3(稀)+3H_2O \xlongequal{煮沸} Fe(OH)_3(胶体)+3HCl$$

如果将碱金属硅酸盐类水解，则可制得硅酸胶体：

$$Na_2SiO_3(稀)+2H_2O=H_2SiO_3(胶体)+2NaOH$$

2）复分解反应

可用稀 $AgNO_3$ 溶液与稀 KI 溶液反应制备 AgI 胶体：

$$AgNO_3(稀)+KI(稀)=AgI(胶体)+KNO_3$$

3）分解反应

将四羰基镍溶在苯中加热可得镍胶体：

$$Ni(CO)_4(苯溶液)\xlongequal{\triangle}Ni(胶体)+4CO\uparrow$$

4）氧化还原反应

将氧气(或 SO_2)通入 H_2S 溶液中，H_2S 被氧化，得硫磺胶体：

$$2H_2S(稀)+O_2=2S(胶体)+2H_2O$$

$$2H_2S(稀)+SO_2=2H_2O+3S(胶体)$$

2. 物理凝聚法

(1) 改换溶剂法：改换溶剂法是利用一种物质在不同溶剂中溶解度相差悬殊的性质来制备胶体，而且两种溶剂要能完全互溶。

例如，松香易溶于乙醇而难溶于水，把松香的乙醇溶液滴入水中，由于松香在水中溶解度很低，溶质以胶粒大小析出，即形成松香的水胶体。

(2) 蒸气骤冷法：例如，将汞蒸气通入冷水中就可以得到汞的水胶体。

无论采用哪种方法，制得的胶体常含有很多电解质或其他杂质，除与胶粒表面吸附的离子维持平衡的适量电解质具有稳定胶体的作用外，过量的电解质反而会影响胶体的稳定性。因此，制备好的胶体常需要进行净化处理。

资料卡片

胶体的用途及应用

(1) 农业生产：土壤的保肥作用，土壤中许多物质如黏土、腐殖质等常以胶体形式存在。

(2) 医疗卫生：血液透析，血清纸上电泳，利用电泳分离各种氨基酸和蛋白质。

(3) 日常生活：制豆腐原理(胶体的聚沉)和豆浆、牛奶、粥，明矾净水。

(4) 自然地理：江河入海口处形成三角洲，其形成原理是海水中的电解质使江河泥沙形成的胶体发生聚沉。

(5) 工业生产：制有色玻璃(固溶胶)，冶金工业利用电泳原理选矿，原油脱水等。

资料卡片

化　学　史

“胶体”这个名词是由英国科学家格雷厄姆(Graham)于1861年提出来的。1903年两位德国科学家发明了超显微镜,测出了颗粒的数目及其大小,证明了胶粒的存在。1907年德国化学家奥斯特瓦尔德(Ostwald)创办了第一个胶体化学的专门刊物《胶体化学和工业》。这一年被视为胶体化学正式成为一门独立学科的一年,组织了胶体化学家学会,提出分散体系的概念。

实验十六　乙酸乙酯的制备与反应条件探究

【实验目的】

(1) 制取乙酸乙酯。

(2) 探究浓硫酸在生成乙酸乙酯反应中的作用。

(3) 体验通过实验的方法获取知识的过程。

【实验原理】

乙酸乙酯是一种有机酸酯,它可以在浓硫酸作催化剂的条件下,由乙酸与乙醇发生酯化反应生成:

$$CH_3COOH + CH_3CH_2OH \rightleftharpoons CH_3COOCH_2CH_3 + H_2O$$

酯化反应是可逆反应。为了提高产率,根据化学平衡原理,可以增大某一反应物的浓度或减小生成物的浓度,使平衡向右移动。在反应过程中,为了提高反应速率,需要用浓硫酸作催化剂。

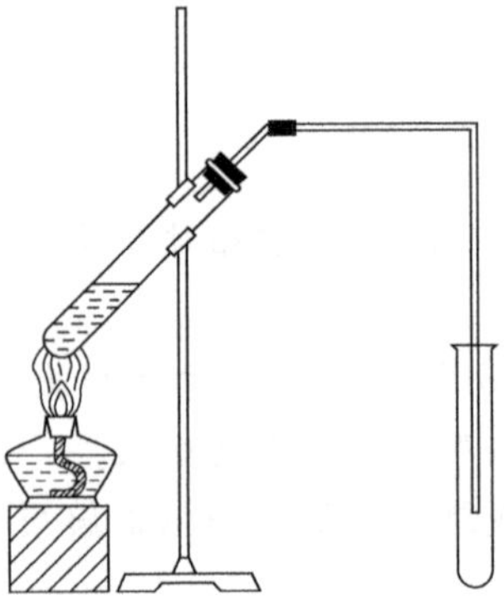

图3-26　乙酸乙酯的制取

【仪器与药品】

仪器:大试管、量筒、导管、酒精灯、铁架台、乳胶管、火柴。

药品:无水乙醇、冰醋酸、浓硫酸、饱和碳酸钠溶液、浓盐酸。

【实验步骤】

(一) 检查装置气密性

按图3-26连接装置,检查装置的气密性。

(二) 制取乙酸乙酯

在试管中加入3mL乙醇和2mL乙酸,然后边振荡边缓慢滴加2mL浓硫酸。

制取乙酸乙酯的简易装置如图 3-26 所示，用酒精灯缓慢加热，将产生的气体经导管通入饱和碳酸钠溶液的液面上。待导管右端不再产生无色液体即反应完毕后，用分液漏斗分出有机层，即为乙酸乙酯。

【注意事项】

(1) 滴加浓硫酸时一定要正确操作，否则容易使原料炭化，影响产物的产量。滴加时不断振摇试管，若试管变热，用冷水冷却，再继续滴加、搅拌、冷却。全部滴加完毕后，要充分摇匀。

(2) 导管右端不得伸入液面以下，保持在溶液上方。

【思考题】

(1) 乙酸和乙醇是否可以全部转化为乙酸乙酯？为什么？

(2) 要提高乙酸的转化率，可以采取哪些措施？

(3) 实验中加入的浓硫酸和饱和碳酸钠溶液的作用分别是什么？

(4) 乙酸乙酯在现实生活中的应用有哪些？

拓展阅读

【主要合成方法】

目前合成乙酸乙酯主要有以下方法：①直接酯化是制备乙酸乙酯的主要方法，采用乙酸和乙醇为原料，硫酸为催化剂直接酯化得到乙酸乙酯；②乙醛缩合法是以烷基铝为催化剂，乙醛发生缩合反应生成乙酸乙酯；③乙烯与乙酸在催化剂作用下，发生加成反应生成乙酸乙酯。

【工业制备方法】

目前世界上工业制备乙酸乙酯的方法主要有乙酸酯化法、乙醛缩合法、乙烯加成法和乙醇脱氢法等。

资料卡片

乙酸乙酯的应用及用途

乙酸乙酯具有优异的溶解能力，是极好的工业溶剂。可用于硝酸纤维、乙基纤维、氯化橡胶和乙烯树脂、醋酸纤维素酯、纤维素乙酸丁酯和合成橡胶，也可以用于复印机用液体硝基纤维墨水。在香料工业中是重要的香料添加剂，可作调香剂的组分。乙酸乙酯也是制造染料、药物和香料的原料。乙酸乙酯是许多类树脂的高效溶剂，广泛应用于油墨、人造革生产。

实验十七　阿伏伽德罗常数的测定

阿伏伽德罗常数的符号是 N_A，单位是每摩尔(mol^{-1})，数值是

$$N_A = (6.0221376 \pm 0.0000036) \times 10^{23}\ mol^{-1}$$

阿伏伽德罗常数由实验测定，其测定精确度随着实验技术的发展而不断提高。测定方法有电化学当量法、布朗运动法、油滴法、X 射线衍射法、黑体辐射法、光散射法等。这些方法的理论依据不同，但测定结果基本相同，可见阿伏伽德罗常数是客观存在的重要常数。

Ⅰ. 单分子膜法

【实验目的】

(1) 进一步了解阿伏伽德罗常数的意义。

(2) 学习用单分子膜法测定阿伏伽德罗常数的原理和操作方法。

【仪器与药品】

仪器：胶头滴管、量筒(10mL)、圆形水槽(直径 30cm)、直尺。

药品：硬脂酸的苯溶液。

【实验原理】

硬脂酸能在水面上扩散而形成单分子层，由滴入硬脂酸刚好形成单分子膜的质量 m 及单分子膜面积 S，每个硬脂酸分子的截面积 A，求出每个硬脂酸分子的质量 m，再由硬脂酸分子的摩尔质量 M，即可求得阿伏伽德罗常数 N_A。

【实验步骤】

(1) 测定从胶头滴管滴出的每滴硬脂酸的苯溶液的体积。取一尖嘴拉得较细的胶头滴管，吸入硬脂酸的苯溶液，往小量筒中滴入 1mL，记下滴数，并计算出1 滴硬脂酸苯溶液的体积 V_1。

(2) 测定水槽中水的表面积。用直尺从三个不同方位准确量出水槽的内径，取其平均值。

(3) 硬脂酸单分子膜的形成。用胶头滴管(若滴管外有溶液，用滤纸擦去)吸取硬脂酸的苯溶液，在距水面约 5cm 处垂直往水面上滴一滴，待苯全部挥发，硬脂酸全部扩散至看不到油珠时，再滴第二滴。如此逐滴滴下，直到滴下一滴后，硬脂酸溶液不再扩散，而呈透镜状时为止。记下所滴硬脂酸苯溶液的滴数 d。

(4) 把水槽中的水倒掉，用清水将水槽洗净后，注入半槽水，重复以上操作两次。重复操作时，先将滴管内剩余的溶液挤净，吸取新鲜溶液，以免滴管口的苯挥发引起溶液浓度的变化。取三次结果的平均值。

(5) 计算。

a. 如果称取硬脂酸的质量为 m，配成硬脂酸的苯溶液的体积为 V，则每毫升硬脂酸的苯溶液中含硬脂酸的质量为 m/V。

b. 测得每滴硬脂酸的苯溶液的体积为 V_1，形成单分子膜滴入硬脂酸溶液的滴数为 $(d-1)$（详见注释），则形成单分子膜需用硬脂酸的质量为

$$V_1(d-1)\frac{m}{V}=\frac{V_1m(d-1)}{V}$$

c. 根据水槽直径，计算出水槽中水的表面积 S。已知每个硬脂酸分子的截面积 $A=2.2\times10^{-15}\,\mathrm{cm}^2$，在水面形成的硬脂酸的分子个数为 S/A。

d. 根据 b 和 c 的结果，可计算出每个硬脂酸分子的质量为

$$\frac{\dfrac{V_1m(d-1)}{V}}{\dfrac{S}{A}}=\frac{AV_1m(d-1)}{SV}$$

e. 1mol 硬脂酸的质量等于 284g(M=284g/mol)，所以 1mol 硬脂酸中含有硬脂酸的分子个数，即阿伏伽德罗常数 N_A 为

$$N_A=\frac{M}{\dfrac{AV_1m(d-1)}{SV}}=\frac{MSV}{AV_1m(d-1)}$$

【注释】

当最后一滴硬脂酸溶液滴下后，这滴溶液在水面呈透镜状，说明这滴溶液没有扩散，即没有参与单分子膜的形成。这时单分子膜已经形成完毕，应停止滴入溶液。所以，在计算形成单分子膜所需硬脂酸溶液的滴数时，应将最后一滴减掉，即滴数记为 $d-1$。

【说明】

(1) 实验成功标志：根据实验数据计算的阿伏伽德罗常数 N_A 为 $(5\sim7)\times10^{23}\ \mathrm{mol}^{-1}$ 为成功。

(2) 失败征象：实验测定的阿伏伽德罗常数的数量级不等于 10^{23}。

(3) 原因分析：

a. 苯是易挥发的溶剂，在配制、使用硬脂酸苯溶液的过程中由苯的挥发造成浓度的变化。

b. 测量每滴硬脂酸的苯溶液体积时是连续滴液的，形成单分子膜时的滴液是

间歇的，并且滴管内液体多少不同、手捏胶头的力不同等因素均可导致液滴的大小不均匀。

c. 水槽洗得不干净将会造成很大的误差。

d. 水槽水面直径测量不准确也会造成误差。

【注意事项】

(1) 苯中有少量的水，可用无水氯化钙或氧化钙除去。

(2) 配好待用的硬脂酸的苯溶液一定要严加密封，防止苯挥发。在使用过程中要随时加塞塞住。

(3) 使用胶头滴管滴液时，均要采取垂直滴入法，以保持液滴大小均匀。

(4) 在形成单分子膜的过程中，应保持水面平静，防止单分子膜重叠。

(5) 水槽的洗涤：每做完一次实验，一定要把水槽洗干净。否则，第二次实验所需硬脂酸苯溶液的滴数将明显减少，因为残留在水槽内的硬脂酸分子会占据部分水面。洗涤方法：用自来水充满水槽，让水从水槽边溢出，重复两三次即可。

Ⅱ. 电　解　法

【实验目的】

(1) 学习电解法测定阿伏伽德罗常数的基本方法和原理。

(2) 练习电解法的基本操作。

(3) 学会相关的计算方法。

【实验原理】

阿伏伽德罗常数是重要的物理常数，它的测定方法很多，本实验用电解法测定。用两块铜片作阴极和阳极，以硫酸铜溶液为电解质进行电解。两电极反应为

阴极反应：$Cu^{2+}+2e^- \longrightarrow Cu$

阳极反应：$Cu \longrightarrow Cu^{2+}+2e^-$

即在阴极上，Cu^{2+}得到电子析出金属铜，使铜片质量增加；在阳极上，金属铜溶解成 Cu^{2+}，使铜片质量减少。若电流强度为 I(A)，则在时间 t(s)内，通过的总电量为 $Q=It$，Q 的单位为 C。

如果在阴极上铜片的质量增加 m(g)，则质量每增加 1g 所需的电量(C/g)为

$$\frac{It}{m}$$

铜的摩尔质量为 63.5g/mol，所以电解析出 63.5g 铜所需的电量(C)为

$$\frac{It}{m}\times 63.5$$

已知1个一价离子所带电量(1个电子的电荷)为1.60×10^{-19}C,1个二价离子所带电量为$2\times1.60\times10^{-9}$C,所以1mol铜所含的原子个数为

$$N_A=\frac{It\times63.5}{m\times2\times1.60\times10^{-19}}$$

式中,N_A为阿伏伽德罗常数。

【仪器与药品】

仪器:稳压电源、电阻器、电流表、电子天平、紫铜片、导线、砂纸。

药品:硫酸铜、浓硫酸。

【实验步骤】

按图3-27连接线路。取两块纯的紫铜片(3cm×5cm)分别作阴、阳极。在烧杯中加入硫酸铜溶液(1L溶液含125g硫酸铜和2.5mL浓硫酸)。阴极和阳极的2/3浸没在硫酸铜溶液中,电极之间的距离约为1.5cm,控制直流电压为10V,电阻为90～100Ω。接通电路,再调节电阻使电流约为100mA。调好电流强度后,断开电路,取下电极,将两块铜片冲洗,擦干后,用“零”号砂纸擦去表面氧化物,然后用去离子水洗净,并在一块铜片上滴几滴乙醇,晾干后,在分析天平上称其质量(称准至0.1mg),这块铜片作为阴极。另一块铜片作阳极(也要准确称其质量)。

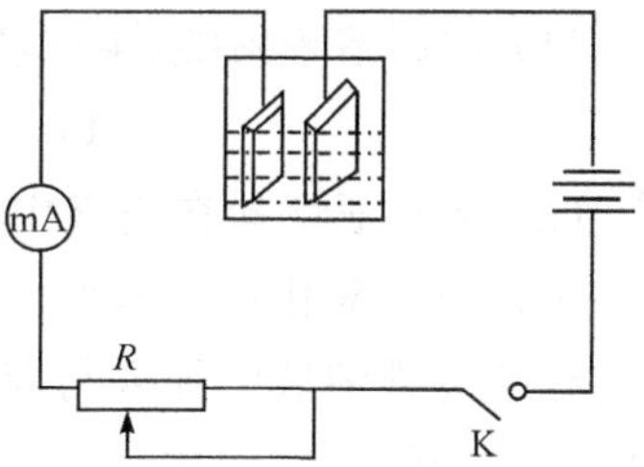

图3-27　电解装置

重新装好电极后,接通线路,同时开动秒表,并准确记录电流强度,在电解过程中,随时调节电阻维持电流约为100mA。

通电30min,断电路,取下阴、阳极。先用去离子水漂洗,再在上面滴几滴乙醇,晾干后称其质量。

根据以上所测数据计算阿伏伽德罗常数。

【数据记录和结果处理】

	阴极增量 m/g	阳极减量 m'/g
电极称量	电解后质量: 电解前质量: $m=$	电解前质量: 电解后质量: $m'=$
电解时间 t/s		
电流强度 I/A		
N_A	$\frac{It\times63.5}{m\times2\times1.60\times10^{-19}}=$	$\frac{It\times63.5}{m'\times2\times1.60\times10^{-19}}=$

【思考题】

(1) 在电解过程中是否要维持电流恒定？为什么？

(2) 实验中可能引起的误差有哪些？

实验十八　硫酸亚铁铵的制备

【实验目的】

(1) 学会利用溶解度的差异制备硫酸亚铁铵；掌握硫酸亚铁、硫酸亚铁铵复盐的性质。

(2) 掌握水浴、减压过滤等基本操作；学习 pH 试纸、吸管、比色管的使用；学习限量分析。

【实验原理】

(1) 铁屑溶于硫酸，生成硫酸亚铁：

$$Fe + H_2SO_4 = FeSO_4 + H_2\uparrow$$

(2) 通常亚铁盐在空气中易氧化。例如，硫酸亚铁在中性溶液中能被溶于水中的少量氧气氧化并与水作用，甚至析出棕黄色的碱式硫酸铁(或氢氧化铁)沉淀。若往硫酸亚铁溶液中加入与硫酸亚铁相等的物质的量的硫酸铵，则生成复盐硫酸亚铁铵。硫酸亚铁铵比较稳定，它的六水合物$(NH_4)_2SO_4 \cdot FeSO_4 \cdot 6H_2O$不易被空气氧化，在定量分析中常用于配制亚铁离子的标准溶液。与所有复盐一样，硫酸亚铁铵在水中的溶解度比组成它的每一组分硫酸亚铁或硫酸铵的溶解度都小。蒸发浓缩所得溶液，可制得浅绿色的硫酸亚铁铵(六水合物)晶体。

(3) 比色原理：

$$Fe^{3+} + nSCN^- = Fe(SCN)_n^{3-n}\text{(红色)}$$

用比色法可估计产品中所含杂质 Fe^{3+} 的量。Fe^{3+} 能与 SCN^- 生成红色的物质$[Fe(SCN)]^{2+}$，当红色较深时，表明产品中含 Fe^{3+} 较多；当红色较浅时，表明产品中含 Fe^{3+} 较少。只要将所制备的硫酸亚铁铵晶体与 KSCN 溶液在比色管中配制成待测溶液，将它所呈现的红色与含一定量 Fe^{3+} 所配制成的$[Fe(SCN)]^{2+}$标准溶液的红色进行比较，根据红色深浅程度相仿情况，即可知待测溶液中杂质 Fe^{3+} 的含量，从而确定产品的等级。

三种盐的溶解度(单位为 g/100g)数据如下：

温度/℃	$FeSO_4 \cdot 7H_2O$	$(NH_4)_2SO_4$	$(NH_4)_2SO_4 \cdot FeSO_4 \cdot 6H_2O$
10	20.0	73.0	17.2
20	26.5	75.4	21.6
30	32.9	78.0	28.1

用眼睛观察，比较溶液颜色深度以确定物质含量的方法称为目视比色法。常用的目视比色法采用的是标准系列法。用一套相同质料制成、形状大小相同的比色管(容量有 10mL、25mL、50mL 及 100mL 等)，将一系列不同量的标准溶液依次加入各比色管中，再加入等量的显色剂及其他试剂，并控制其他实验条件相同，最后稀释至相同体积。这样便配成一套颜色逐渐加深的标准色。

将一定量被测试液放在另一比色管中，在同样的条件下显色。从管口垂直向下或从比色管侧面观察，若试液与标准系列中某溶液的颜色深度相同，则这两比色管中的溶液浓度相同；如果试液颜色深度介于相邻两个标准溶液之间，则试液浓度介于这两个标准溶液的浓度之间。

【仪器与药品】

仪器：锥形瓶(150mL、250mL 各一个)、蒸发皿、玻璃棒、吸滤瓶、布氏漏斗、移液管(1mL、2mL 各一根)、比色管(25mL)、烧杯、量筒。

药品：铁屑、3mol/L H_2SO_4、固体$(NH_4)_2SO_4$、3mol/L HCl 溶液、250g/L KSCN 溶液、Fe^{3+}标准液。

【实验步骤】

(1) 1g 铁屑，加 5mL 3mol/L H_2SO_4 于 150mL 锥形瓶。

(2) 通风橱内，在低于 353K 的水浴中加热至反应基本完成，保持总体积(温度控制在 70～75℃，低了反应慢，高了 $FeSO_4$ 析出)；瓶上盖一小烧杯，约补加 2mL 水。

(3) 趁热过滤。

(4) 未反应的铁屑弃去(剩余铁屑转到滤纸上，不能倒入水槽)；滤液倒入蒸发皿(若滤液发黄则倒回原锥形瓶，加 H_2SO_4 重新热过滤)，滤液中加入计算量(1.98g 于 2.7mL 水)的$(NH_4)_2SO_4$饱和溶液，调节 pH 为 1～2(稀 H_2SO_4)。

(5) 水浴加热至出现结晶膜，冷却，过滤。

(6) 称量晶体，弃去母液。

(7) 无氧水的准备：在 250mL 锥形瓶中加热 150mL 纯水至沸(烧水时不盖盖，冷却时盖盖)，小火煮沸 10～20min，冷却后备用。

(8) 样品液的配制：1g 样品加 2mL 3mol/L HCl、15mL 无氧水，振荡，样品溶解后，加 1mL 250g/L KSCN，加无氧水至 25mL 刻度线（加样顺序不能变），摇匀。

(9) 系列标准溶液的配制（人眼有误差，由一个学生配标准溶液）：用吸管分别吸取一定量的 Fe^{3+} 标准液，加入比色管中使 Fe^{3+} 的量为：Ⅰ 级 0.05mg，Ⅱ 级 0.10mg，Ⅲ级 0.20mg；加 2mL 3mol/L HCl、15mL 无氧水、1mL 250g/L KSCN，用无氧水稀释至刻度线，摇匀。

(10) 在比色管架上进行比色，确定样品的等级（比色时打开塞子，从镜子中观察颜色）。

【思考题】

(1) 根据化学方程式，计算硫酸和铁哪一个过量，说明过量的原因。硫酸的浓度为什么选择 3mol/L？

(2) 反应为什么要在通风橱中进行？

(3) 反应温度为什么要低于 353K？反应过程中为什么要不断补充水？

(4) 若因温度或水的量未控制好，析出了白色晶体，如何处理？

(5) 在铁屑与硫酸反应期间，应做哪些事？

(6) 如何判断反应已完成？

(7) 硫酸铵溶解慢，如何处理？晶体未能完全溶解，如何处理？

(8) 趁热过滤后，有的学生的滤液可能带黑色，或漏斗上有晶体，为什么？如何处理？

(9) 过滤后得到的滤液带黄色，而且有些浑浊，如何处理？

(10) 硫酸亚铁、硫酸铵混合溶液为什么要保持微酸性？

(11) 从 pH 色阶板上如何判断 pH 为 1～2？

(12) 观看“pH 试纸的使用”操作录像后，总结使用 pH 试纸的注意事项。

(13) 在水浴加热蒸发的过程中溶液发黄了，为什么？如何处理？

(14) 如何准备无氧水？

(15) 如何将固体试样，如硫酸亚铁铵送入比色管中？

(16) 在比色管中加 2mL 3mol/L HCl、1mL 250g/L KSCN 用哪种量器？加 15mL 不含氧的纯水，是否需用量器？

(17) 在比色管中，加水至 25mL 刻度线的操作如何进行？

(18) 要移取一定体积液体时可用哪些量器？如何选用？

(19) 如何选择吸管？

(20) 如何洗涤吸管？

(21) 使用洗液的注意事项有哪些？

(22) 荡洗吸管或移取溶液时，为什么都用小烧杯（50mL 或 100mL）盛纯水或被量液体？

(23) 荡洗用的纯水,被量的液体应取多少?

(24) 荡洗吸管时,要求烧杯与吸管同时荡洗三次,能否先将烧杯荡洗三次后,取足量液体,在此液体中荡洗吸管三次?

(25) 为什么用左手拿洗耳球,右手拿吸管,能否反过来? 为什么用食指紧按管口,而不能用拇指?

(26) 为什么吸取溶液时,吸管末端要伸入液面下 1cm?

(27) "调整液面下降至与标线相切"、"将移取溶液放入接收溶液的容器中"的操作均要求烧杯倾斜 45°,吸管垂直,管尖靠在容器壁上,为什么?

(28) 使用有分度移液管移取溶液时,为什么一定要从一个分度放到另一个分度,不用末端收缩部分?

(29) 比色管是否要用溶液荡洗?

(30) 配系列标准溶液时,"与样品同体积、同样处理"的含义是什么?

(31) 比色时,为什么要打开塞子? 如何比色?

第四章　中学化学探究实验与创新实验

案例一　探究燃烧及发生的条件

【题目】

人教版《化学(九年级上册)》第七单元学习了燃烧及燃烧的条件(可燃物、温度达到着火点、与氧气或空气接触)。探究燃烧发生的条件及进行化学实验时的注意事项。

【探究】

(1) 验证燃烧条件。

(2) 用化学术语解释燃烧现象。

(3) 掌握同素异形体的概念。

(4) 了解同素异形体物理性质的不同。

【假设】

物质燃烧的三个条件必须同时满足,缺一不可。

【准备】

烧杯(500mL)、白磷、红磷、铜片、锥形瓶、镊子、热的蒸馏水(60℃以上)。

【实验】

(1) 在500mL烧杯中注入400mL热水,放入一小块白磷,在烧杯上盖一薄铜片,铜片一端放一小堆干燥的红磷,另一端放一小块已用滤纸吸干表面水分的白磷,观察现象。

现象:薄铜片上的白磷燃烧,而薄铜片上的红磷和热水中的白磷不燃烧。

(2) 用一个空的装满空气的锥形瓶倒扣在盛有热水的烧杯中并使锥形瓶的瓶口正对着水中的白磷,观察现象。

现象:热水中的白磷燃烧。

【注意】

(1) 在通风橱完成该实验,以便于及时排出产生的烟雾。

(2) 白磷的取量为绿豆大小即可，不宜过多。

(3) 实验人员要戴口罩。

【讨论】

实验证明，物质燃烧的三个条件必须同时满足，缺一不可。

【思考】

(1) 为什么将白磷存放在水中？

(2) 单质磷的同素异形体有几种？各自的熔点为多少？

(3) 试写出白磷燃烧的化学反应方程式。

(4) 用已学过的化学概念或词语描述燃烧的定义。

案例二　探究波义耳定律

【题目】

1662 年，意大利科学家波义耳发现了波义耳定律(密闭容器中的定量气体，在恒温下，气体的压强和体积成反比关系)，波义耳对测定结果进行了分析，从而发现了规律。波义耳使用了一个“J”形玻璃管，密封的一端充有空气体积为 V，另一端加入水银，在一定温度下，分析增加水银时发生的变化。由液面的高度 h 可以求出充入空气的压强 p(气体的压强等于水银高度 h 所产生的压强与大气压之和)。由现代实验仪器测出空气的 V 和 p 值，并以表格的形式给出(表 4-1)。

表 4-1　空气的 V 与 p 的关系

V/cm^3	$p/(\times 10^5 Pa)$	V/cm^3	$p/(\times 10^5 Pa)$
48.0	1.01	20.0	2.46
40.0	1.23	16.0	3.04
32.0	1.54	12.0	4.09
24.0	2.04		

【探究】

(1) 了解波义耳定律。

(2) 发现空气 V、p 变化的规律。

(3) 掌握计算机绘图技术。

(4) 了解两个量间的变化关系以什么形式描述时容易发现其规律性。

【假设】

密闭容器中的定量气体，在恒温下，气体的压强和体积成反比关系。

【准备】

查阅波义耳定律的相关资料，计算机制图软件(适合自己的)。

【实验】

(1) 利用表 4-1 中的数据，将 x 轴定为压强 p，y 轴定为体积 V，用计算机制图软件作曲线图，记为图 4-1，依此说明 V 与 p 的关系。

图 4-1 中曲线的变化趋势是：随着压强的增加，体积减小，但是，该曲线不能直接描述空气的 V 与 p 的关系，看上去 V 与 p 成反比，但不能据此断定成反比(为什么?)。

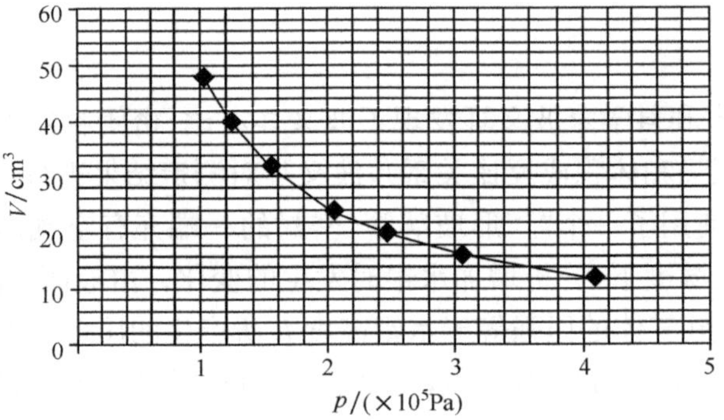

图 4-1 V 与 p 的关系

(2) 如何才能通过作图，以充分的理由说明 V 与 p 成反比?

假设 V 与 p 成反比，则 V 与 p 的乘积是一个常数，即可由以下数学关系式表示：

$$pV=k \quad 或 \quad V=k\times 1/p$$

因此，如果 V 与 $1/p$ 成正比，则从数学上可以推论出 V 与 p 成反比。计算 $1/p$(表 4-2)，绘出 V 与 $1/p$ 的关系图(图 4-2)。

表 4-2 空气的 V 与 $1/p$ 的关系

V/cm^3	$1/p(\times 10^{-5}Pa)$	V/cm^3	$1/p(\times 10^{-5}Pa)$
48.0	0.990	20.0	0.407
40.0	0.813	16.0	0.329
32.0	0.649	12.0	0.244
24.0	0.490		

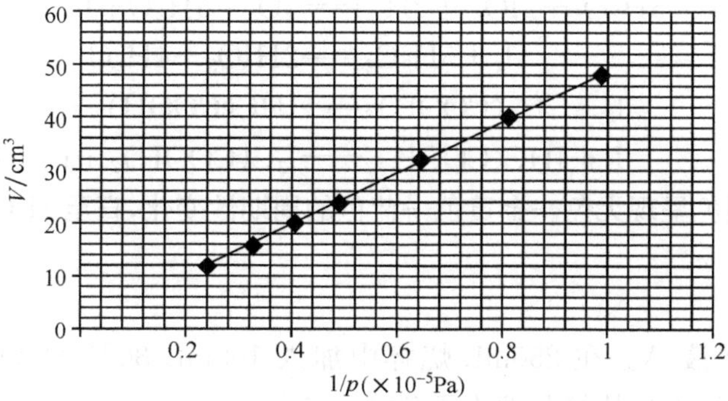

图 4-2　V 与 $1/p$ 的关系

由此可知，V 与 $1/p$ 的关系是一条（延长线）通过原点的直线，V 随着 $1/p$ 的增大而增大。所以，在一定温度下，气体的体积与压强成反比。

【思考】

(1) 如果作 V 和 $1/p^2$、V^2 和 $1/p$ 的关系图，会是一条直线吗？

(2) 为什么图 4-1 不能作为判断在一定温度下，空气的 V 与 p 成反比的合理依据？以现有的数学知识给予解释。

案例三　探究过氧化氢的氧化还原性

【题目】

人教版高中化学选修 6《实验化学》中的“蓝瓶子”实验涉及化学振荡反应的基本原理。通过观察颜色交替出现蓝色—无色—蓝色—无色……的现象，直观地证明了氧化还原反应的发生，体验了对比实验的具体操作。碘中溶液的振荡反应同样可以直观地说明过氧化氢的氧化还原性。

【探究】

(1) H_2O_2 的氧化还原性。

(2) 化学振荡反应的基本概念。

【假设】

(1) 在一定条件下，H_2O_2 既可以作为氧化剂，又可以作为还原剂。

(2) Mn^{2+} 作为催化剂，在室温条件下，淀粉溶液中发生以下反应：

$$5H_2O_2+2IO_3^-+2H^+ = 5O_2+6H_2O+I_2 \quad ①$$

$$I_2+5H_2O_2 = 2HIO_3+4H_2O \quad ②$$

$$I_2+CH_2(COOH)_2 = IHC(COOH)_2+I^-+H^+ \quad ③$$

$$I_2+IHC(COOH)_2 = I_2C(COOH)_2+I^-+H^+ \quad ④$$

(3) 溶液颜色呈现无色—金黄色—蓝色的周期性变化,直至 H_2O_2 反应完为止。

【准备】

(1) 无色溶液 A。在 250mL 烧杯中加入 100mL 30% H_2O_2 溶液,再加入 150mL 蒸馏水,用玻璃棒搅匀即为无色溶液 A。

(2) 无色溶液 B。称取 10.7g KIO_3 晶体,放入 250mL 烧杯中,加入 10mL 2mol/L H_2SO_4 溶液,用蒸馏水稀释到 250mL 标记处,用玻璃棒搅匀即为无色溶液 B。

(3) 无色溶液 C。称取 0.08g 可溶性淀粉放入 250mL 烧杯中,加入热水使其充分溶解,再称取 3.9g 丙二酸、0.8g $MnSO_4$ 晶体放入烧杯中,用蒸馏水稀释到 250mL 标记处,用玻璃棒搅匀即为无色溶液 C。

【实验】

在盛有 50mL 无色溶液 A 的 500mL 烧杯底部垫一张白纸(便于观察),向烧杯中同时加入 50mL 无色溶液 B 和 50mL 无色溶液 C,立即充分搅拌片刻后,静置,观察振荡实验现象。

【结果】

通过对实验的探究及现象的观察,完成下表。

现象 反应序号	无色	金黄色	蓝色	解释
① ② ③ ④			①所致 H_2O_2 是还原剂 IO_3^- 是氧化剂	将 IO_3^- 还原成 I_2,I_2 遇淀粉显蓝色
	②所致 H_2O_2 是氧化剂 I_2 是还原剂	③和④所致 是取代反应		I_2 被氧化成 IO_3^-,所以蓝色消失

现象:混合溶液的颜色发生无色—金黄色—蓝色的周期性变化,随着反应的进行,无色—金黄色—蓝色交替出现的时间间隔缩短。

【思考】

(1) 如果没有 Mn^{2+} 作催化剂，能否观察到以上现象？

(2) 试介绍其他化学振荡反应。

案例四　探究化学反应的量的关系

【题目】

化学反应是原子间的重新组合，化学反应方程式的系数是反应物(反应物和生成物统称为反应物)的物质的量所决定的。因此，各反应物的物质的量之比等于化学反应方程式中的系数之比。这一规则具体反映在化学反应方程式的配平上，现在通过实验探究这一规则。

【探究】

(1) 反应物的物质的量之比与相应化学反应方程式中的系数之比之间的关系。

(2) 复分解反应发生的条件。

(3) 如何实现实验结果的图表化？

(4) 化学中"恰好反应完全"的含义。

【假设】

(1) 盐酸中加入碳酸钙即可生成二氧化碳气体，依据反应前后的质量差可以求出生成的二氧化碳的质量。

(2) 通过不同质量的碳酸钙与一定量的盐酸反应，可以求出恰好反应完全时碳酸钙的量。

(3) 计算出各反应物的物质的量之比，以检验是否与化学反应方程式中的系数之比相同。

【准备】

碳酸钙、2.0mol/L 盐酸、电子天平、25mL 量筒、100mL 烧杯、滤纸。

【实验】

(1) 分别称取 1.0g、2.0g、3.0g、4.0g 碳酸钙，放在四张滤纸上。

(2) 在四个烧杯中分别加入 25mL 2.0mol/L 盐酸。

(3) 将(1)中的滤纸分别盖在(2)中的四个烧杯上。分别称量总的质量，记录。

(4) 将滤纸上的碳酸钙放入各自的烧杯中，为了防止反应剧烈致使溶液飞溅，把滤纸盖在烧杯上。

(5) 反应后，暂时取下滤纸，使生成的二氧化碳气体挥发在空气中，再次称量烧杯连同滤纸的质量(反应后烧杯整体的质量)，记录。

结果的图表化：

a. 把(3)和(5)的称量结果记录在表 4-3 中。

b. 分别计算(1)中碳酸钙的物质的量。

c. 计算(2)中 25mL 2.0mol/L 盐酸所含 HCl 的物质的量。

d. 算出(3)和(5)的质量差，再计算各烧杯中生成二氧化碳的物质的量。

e. 利用坐标图分析各烧杯中生成的二氧化碳的物质的量和用去的碳酸钙的物质的量的关系，可以推得恰好反应完全时所需碳酸钙的物质的量。

表 4-3　依据反应、测量(称量)、计算得出的数据

实验结果	用去碳酸钙的质量/g	1.0	2.0	3.0	4.0
	碳酸钙＋盐酸＋烧杯＋滤纸的质量/g	86.73	87.80	88.78	89.98
	反应后烧杯整体的质量/g	86.30	86.92	87.66	88.68
	生成二氧化碳的质量/g	0.43	0.88	1.12	1.12
数据处理	用去碳酸钙的物质的量/mol	0.010	0.020	0.030	0.040
	用去氯化氢的物质的量/mol	0.050	0.050	0.050	0.050
	生成二氧化碳的物质的量/mol	0.009	0.020	0.025	0.025

表 4-3 中，用去碳酸钙的物质的量用 x 表示，生成二氧化碳的物质的量用 y 表示，利用坐标纸或其他方法，绘制 x 与 y 的关系图，主要分析图中拐点的意义，如图 4-3 所示。

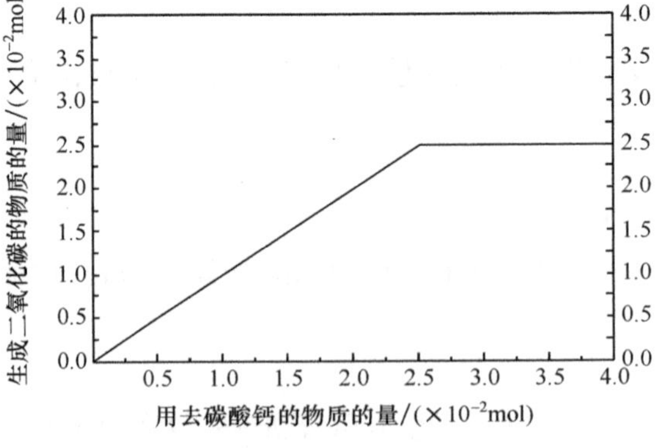

图 4-3　碳酸钙和二氧化碳的物质的量的关系

假设的验证(对数据意义的理解)：

(1) 从图 4-3 的分析可知，当 $CaCO_3$ 的质量为 1.0g、2.0g 时，$CaCO_3$ 的物质的量与生成 CO_2 的物质的量成正比(图 4-3 中的斜线)，显出 1∶1 的趋势；当 $CaCO_3$ 的质量为 3.0g、4.0g 时，生成 CO_2 的物质的量不变，可推出此时 HCl 的量不足(如何进一步检验这一结论的正确性?)；图 4-3 中直线与斜线的交点即拐点，恰好就是反应完全的指示点，即 0.025mol $CaCO_3$ 完全反应生成 0.025mol CO_2，至此，可以确认反应中 $CaCO_3$ 与 CO_2 的物质的量之比为 1∶1。

(2) 结合表 4-3 和图 4-3 可以推出，0.025mol $CaCO_3$ 完全反应需 HCl 的物质的量为 0.05mol，即反应中 $CaCO_3$ 与 HCl 的物质的量之比为 1∶2，同时，可得出本实验中 $CaCO_3$ 过剩(过剩多少克?)。

(3) 通过以上分析得出，经实验得出的结论(反应物 $CaCO_3$、HCl、CO_2 的物质的量之比为 1∶2∶1)与以下反应方程式中相应物质前的系数之比(1∶2∶1)是一致的：

$$CaCO_3 + 2HCl = CaCl_2 + H_2O + CO_2$$

【思考】

(1) 如何检查实验时所得数据的误差?

(2) 本实验始终未考虑实验中 H_2O 的量就得出了结论，可靠吗? 为什么?

案例五　探究混合物的分离

【题目】

人教版高中化学选修 6《实验化学》课题 1“物质的分离与提纯”中介绍了层析法，并掌握了纸上层析的基本操作方法。该方法的要点是根据待分离物质的性质选择合适的流动相溶剂。探究市售红色水性笔的粉红色是否由不同色素构成。

【探究】

(1) 混合物的分离方法。

(2) 纸上层析的基本原理。

(3) 市售红色水性笔的主要化学成分。

【假设】

将水性笔书写的字迹用合适的流动相溶剂润湿就可以洇出其复合的色素，虽然看上去红色水性笔的粉红色是单色，但实际上是由两种复合色素构成。

【实验方案】

层析法有多种，但基本原理是一致的，即利用待分离混合物中各组分在某一物质(称为固定相，本实验选用滤纸)中的亲和性差异，如吸附性差异、溶解性差异，使混合物溶液(称为流动相，本实验中自制的展开溶剂)流经固定相，混合物在流动相和固定相之间反复进行吸附或分配等作用，各组分得以分离。纸上层析在一定条件下，不同的化合物以不同的速度移动，在滤纸上形成不同距离的不同色斑点，据此可以做出判断。

【准备】

展开溶剂(正丁醇∶乙酸∶水的体积比为 4∶1∶2)、数种市售水性笔、滤纸、大试管、橡胶塞、电吹风。

【实验】

(1) 在大试管中加入展开溶剂至 1cm 高度，塞上橡胶塞，放置片刻；距离滤纸一端(下端)15mm 处用铅笔画斑点，同一点用水性笔(粉红色)画斑点，称为样品斑点，立即用电吹风吹干，再将该滤纸放入大试管中(注意：不要使样品斑点接触到展开溶剂)，此操作即点样。

(2) 等待片刻，当展开溶剂到达滤纸上端 15mm 处时，取出滤纸，停止展开，用铅笔做记号，待滤纸自然晾干后，从滤纸下端用铅笔所画斑点开始测量样品斑点的移动距离。

(3) 同法分离其他水性笔的颜色。

【结果】

将实验结果整理如下：

水性笔的种类(颜色)	比移率(R_f)	颜色	所需时间/min
粉红色			

【思考】

(1) 市售红色水性笔的主要化学成分是什么？

(2) 以正己烷(C_6H_{14})或环己烷为展开溶剂，分离油性笔的粉红色。

案例六 探究金属的离子化倾向

【题目】

人教版高中必修《化学 1》中,已经学习了几种金属单质及其化合物的性质,掌握了氧化还原反应的概念;必修《化学 2》中又学习了电解质、电解池、原电池的基本概念。化学中把在水溶液中金属失去电子成为离子的性质称为金属的离子化倾向。某种金属的离子化倾向越大,越难从其阳离子中夺取电子,氧化性越弱;相反,离子化倾向越小,越易从其阳离子中夺取电子,氧化性越强。所以,可以利用“金属离子化倾向”判断金属单质与金属阳离子间发生的置换反应。例如,将铜片浸在硝酸银水溶液中,铜片的表面有银单质析出,溶液中由于含有铜离子而显浅蓝色,发生的反应如下:

$$Cu+2Ag^{+}=\!=\!=Cu^{2+}+2Ag$$

反应中 Cu 的离子化倾向较大(易失去电子、氧化性弱),成为还原剂;Ag 的离子化倾向小(离子易得到电子、氧化性强),Ag^{+}成为氧化剂。

【探究】

(1) 探究几种金属的离子化倾向与氧化还原性的关系。

(2) 探究金属的离子化倾向与负极间的关系。

【实验方案】

(1) 金属单质与含有金属离子的溶液能否发生反应(实验一)?

(2) 金属片与酸能否发生反应(实验二)?

(3) 电解质溶液中放入金属片时,哪一种金属片为负极(实验三)?

【准备】

铜片、锌片、镁片、铅粒、铝片、0.10mol/L $CuSO_4$溶液、0.10mol/L $AgNO_3$溶液、0.10mol/L $Pb(NO_3)_2$溶液、6mol/L HCl、1.0mol/L HCl 溶液、烧杯、砂纸、电流计。

实验一

【假设】

金属活动顺序表与金属离子化倾向的次序是一致的,要判断 4 种金属的离子化倾向,需要用 3 个实验进行验证(为什么?)。如果锌>铅>铜>银(离子化倾向),则银离子溶液中加入铜片、铜离子溶液中加入铅片、铅离子溶液中加入锌片较合适(为什么?)。

【实验】

(1) 将约 2mL 0.10mol/L $CuSO_4$溶液放入试管中,再将用砂纸擦干净的铅粒放入试管中,观察铅粒表面的颜色变化。

现象:铅粒表面变红。

(2) 同法,在 0.10mol/L $AgNO_3$溶液中放入铜片,观察现象。

现象:铜片表面形成银白色的絮(银树),溶液颜色变蓝。

(3) 同法,在 0.10mol/L $Pb(NO_3)_2$溶液中放入锌片,观察现象。

现象:锌片表面变黑并出现具有金属光泽的小颗粒,静置,锌片表面形成白色的絮(铅树)。

实验二

【假设】

使用氧化性较弱的酸与锌片、镁片、铝片和铜片 4 种金属进行反应,根据放出气体的速度就可以判断该 4 种金属离子化倾向的次序(为什么?)。

【实验】

(1) 在 4 个烧杯中分别放入用砂纸擦干净的锌片、镁片、铝片和铜片。

(2) 在 4 个烧杯中分别加入约 2mL 6mol/L HCl 溶液,观察反应速率,反应慢的可以加热。

现象:锌片、镁片溶解,有气体产生;铝片加热溶解,有气体产生;铜片加热不溶解,无气体产生。

实验三

【假设】

离子化倾向大的金属容易失去电子形成电流,致使电流计的指针发生偏向,据此可以判断出哪种金属为负极。

【实验】

(1) 将 1.0mol/L HCl 溶液放入烧杯中,与电流计相连的铜片、锌片作为电极插入烧杯中,观察电流计指针的偏向。

(2) 根据电流计指针的偏向判断哪种金属为负极。

【思考】

(1) 用离子反应方程式表示实验一、实验二、实验三中发生的化学反应。
(2) 实验三的原理是什么?
(3) 实验结果是否验证了假设?

案例七　气体溶解度随温度和压强变化实验创新设计

【题目】

人教版《化学(九年级下册)》第九单元课题2中介绍了气体溶解度的概念,还提供了气体的溶解度随温度和压强变化的讨论资料。为了增加教学的直观性,帮助学生理解气体溶解度随温度和压强变化的关系,特设计了两个演示实验。两个实验共用时3～4min,操作简单、安全,实验现象明显。

【准备】

试管、注射器、气球、酒精灯、试管夹、火柴、浓氨水、稀氨水、酚酞试剂。

【实验】

(1) 在试管中装入约2mL稀氨水,再滴一滴酚酞试剂,溶液变为红色,用气球把试管口封住,用线扎紧(图4-4)。

现象:加热至沸腾,红色逐渐褪去,至变为无色,停止加热,溶液又由无色逐渐变为红色。可以看出气体的溶解度随温度的升高而减小,随温度的降低而增大。

(2) 用注射器吸入4～5mL浓氨水,尽量排尽空气,把注射器的针头取下,用袋式输液器的胶帽堵住针头处,或者用针头插在橡胶塞上堵住(图4-5)。

现象:反复推拉活塞,拉下活塞,气压减小,可以看到气泡从无到有、由小变大,有大量气体逸出;推动活塞,气压增大,可以看到气泡从多到少、由大变小。可以看出气体的溶解度随压强的减小而减小,随压强的增大而增大。

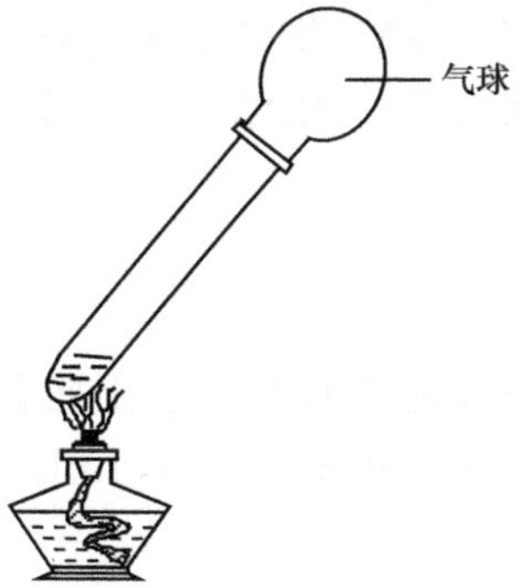

图4-4　实验(1)装置

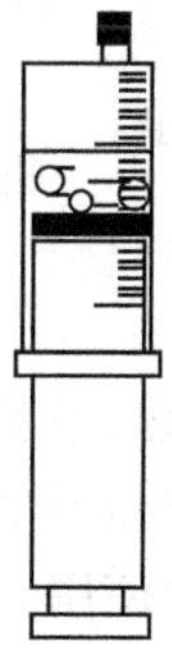
图4-5　实验(2)装置

【改进与创新】

(1) 能让学生直观地学习气体溶解度随温度和压强的变化关系。

(2) 现象明显。

(3) 操作简便。

(4) 实验仪器是常规仪器，容易找到，用时短，安全。

作者：庄宇(云南省曲靖市麒麟区第三中学，曲靖，655000)

案例八　分子和原子化学实验的微型化创新设计

【题目】

分子和原子是初中学生第一次由宏观世界开始接触微观世界，由于比较抽象，学生理解起来比较困难。教学中通过具体的实验使抽象的问题变得具体，帮助学生理解。主要涉及"分子的运动"、"分子之间有间隔"两个探究性实验，但两个实验都存在用量大、实验时间长、不适用于学生分组等缺点。因此，对这两个实验进行了改进与创新。

实验一　探究分子在不断运动

【准备】

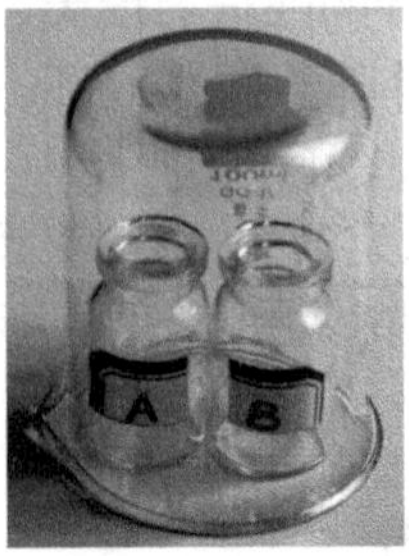

图 4-6　实验装置

50mL 小烧杯、小药瓶(2 个，其中一个保留自带的橡皮盖)、浓氨水、蒸馏水、酚酞试剂。

【实验】

(1) 向一个标号为 A 的小药瓶中滴入约 1mL 浓氨水，另一个标号为 B 的小药瓶中倒入小半瓶蒸馏水，再滴入 2～3 滴酚酞试剂，用 50mL 小烧杯把两个小药瓶罩住(图 4-6)。

(2) 观察到实验现象后，用橡皮盖把装有浓氨水的 A 药瓶盖上。

【改进与创新】

(1) 减少污染，节约药品。浓氨水可事先由教师取好盖上瓶盖，学生实验时直接使用即可，实验完毕再盖上瓶盖可供下一个班继续使用，1mL 药品可供一个年级(10 个班左右)使用。

(2) 节省实验时间，现象明显。一般 10s 左右便可观察到实验现象。

实验二　探究分子之间有间隔

【准备】

小药瓶、胶头滴管的玻璃管颈部分、胶头滴管、橡胶塞、无水乙醇、蒸馏水、品红溶液。

带导管橡胶塞的制作：取一个与小药瓶口径相适应的小橡胶塞，依据胶头滴管的玻璃管颈大小，用打孔器在橡胶塞上打一个孔，插入胶头滴管的玻璃管颈，去掉超出橡胶塞的玻璃管。

【实验】

(1) 向小药瓶瓶中加入约 1/2 体积水(滴有品红溶液)，再滴入无水乙醇至满(最好沿瓶壁滴入)，插上带导管的橡胶塞，用胶头滴管继续滴加到满。

(2) 用中指堵住导管口，拇指按住瓶底，上下颠倒四五次，使水和无水乙醇充分混合(图 4-7)。

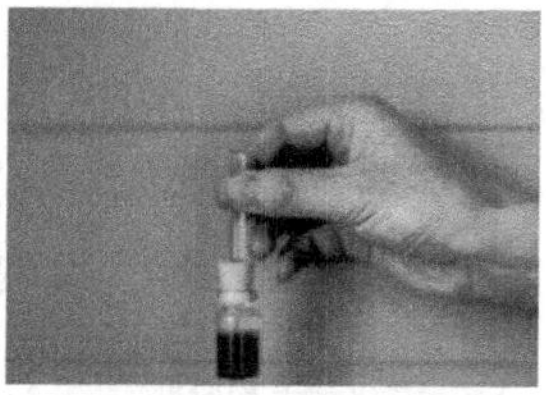

图 4-7　实验操作

(3) 正立装置，松开中指，观察现象。

【改进与创新】

(1) 节约药品。若用量筒实验，需要 100mL 无水乙醇效果才比较明显，而改进后的实验只要 5～6mL 无水乙醇即可。

(2) 实验数据更可靠。若用量筒实验要进行三次量筒读数，误差较大。

(3) 节省实验时间。若用量筒实验要进行三次读数，且混合后要静置很长时间，使液体充分混合。而改进后的实验不需定量，易于混合操作，实验时间短。

(4) 实验现象明显。颠倒混合液时有明显的手指被吸的感觉，正立松开中指后液面会下降 5mm 左右。

作者：白楷(云南省曲靖市麒麟区第八中学，曲靖，655003)

案例九　铜与浓、稀硝酸反应的微型化实验创新设计

【题目】

铜与浓、稀硝酸反应演示实验是中学化学教学的重点演示实验之一，现行教材中演示该实验时存在以下缺点：①反应进行后难以及时终止；②反应产生的气

体易造成环境污染;③铜与稀硝酸反应室温下进行不明显,生成的 NO 气体因接触空气生成红棕色 NO_2 气体而影响其颜色的观察;④铜与稀硝酸反应生成的 NO 气体不能被 NaOH 溶液吸收。现将铜与浓、稀硝酸反应的实验加以改进创新。

【准备】

医用塑料注射器(去针头)、小烧杯、浓硝酸(16mol/L)、稀硝酸(3mol/L)、铜丝、橡胶塞、4mol/L NaOH 溶液。

【实验】

(1) 用注射器吸入适量稀硝酸,将固定在橡胶塞上的铜丝插入注射器中并固定(图 4-8)。然后将注射器置于事先装入适量热水的烧杯中进行水浴加热。反应开始后可以观察到针筒内产生无色气柱并逐渐增大,溶液也逐渐变为淡蓝色。

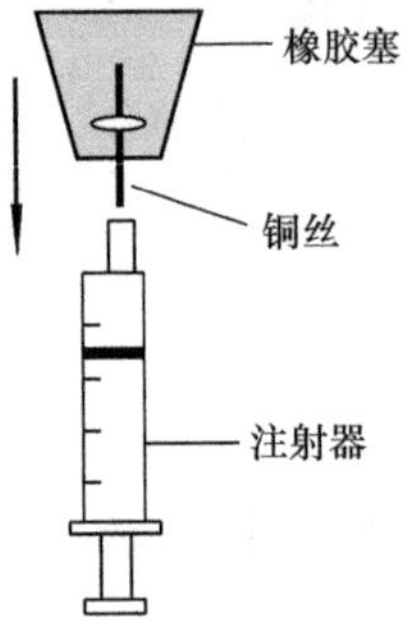

图 4-8　实验装置

(2) 拔下铜丝,然后缓慢拉动活塞,吸入约 2.5 倍 NO 气体体积的空气,可以观察到无色气体逐渐变为淡红棕色。

(3) 迅速将注射器倒转,将注射器内溶液排入盛有 NaOH 溶液的烧杯中,气体不要排出,实验结束后,将下端插入 NaOH 溶液中,吸入足量 NaOH 溶液进行尾气处理。

(4) 用注射器吸入适量浓硝酸,迅速将固定好铜丝的螺母拧在注射器上,可观察到铜与浓硝酸反应剧烈且产生红棕色气体。拔下铜丝,吸入少量水后安上橡胶塞,可以观察到溶液颜色变浅,气体颜色也变浅,溶液中还在进行剧烈的反应并不断有无色气泡产生,说明 NO_2 溶于水,只可能与水发生了反应。

(5) 将溶液排入盛有 NaOH 溶液的烧杯中,气体不要排出,实验结束后,将下端插入 NaOH 溶液中,吸入足量 NaOH 溶液进行尾气处理。

【改进与创新】

(1) 操作简便,且现象非常明显,可广泛用于课堂教学。

(2) 节约药品。

(3) 实验装置微型化,实验设计绿色化。

作者:罗小艳(云南省曲靖市第一中学,曲靖,655000)

案例十　铁与水蒸气反应制备氢气实验创新设计

【题目】

人教版高中必修《化学 1》中“铁与水蒸气的反应”采用湿脱脂棉置于试管底部补充水蒸气，通过加热硬质试管中的还原铁粉进行反应，试管易破，现象不明显，时间长，难以成功。人教版高中必修《化学 1》教师教学用书，两个装置在实验的用品、装置的复杂性和实验的成功率方面存在很多问题。在教学中，通过对该实验进行总结改进，药品用量少，实验现象明显，装置简单易操作，实验在 3min 内完成，成功率为 100%。

【准备】

铁架台（带铁夹）、大试管、导管、酒精灯、药匙、小烧杯、普通洗洁精、水、还原铁粉、氢氧化钙固体、木条。

【实验】

本实验采用固体与固体（还原铁粉与氢氧化钙固体粉末）反应，制备气体的实验装置如图 4-9 所示。

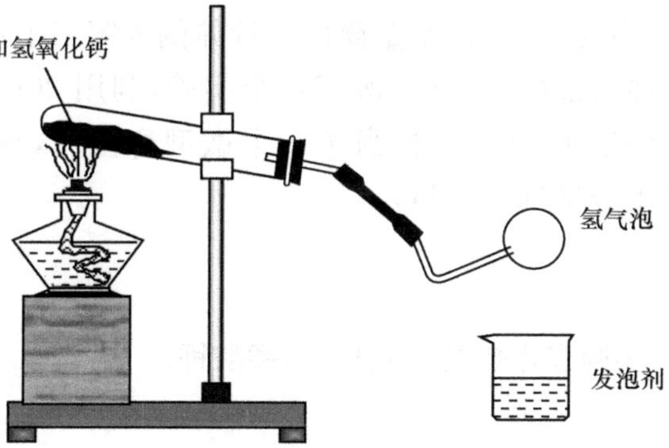

图 4-9　实验装置

检查装置的气密性，先将约 1.5g 氢氧化钙粉末放入大试管中，再将约 1.5g 没有变质的还原铁粉放在大试管中氢氧化钙的上面，用酒精灯加热一段时间，将导管放入混有洗洁精溶液的小烧杯中，1min 左右气泡连续产生时，即可进行氢气的检验。

【改进与创新】

(1) 在这个实验中,为了检验氢气,传统上都是在小烧杯或蒸发皿中点燃氢气泡,由于位置和气泡太小,观察不便。现在直接改在导管口,可产生较大氢气泡后直接点燃,现象明显,观察方便。

(2) 实验改进后,节约了时间、试剂,成功率高,适应性好。

(3) 特别重要的是,选用氢氧化钙考虑了它的热分解温度(580℃以上脱水变为氧化钙和水),接近铁与水蒸气的反应条件,避免了原实验中水蒸气直接进入,热量流失,从而使反应难以成功的负面影响。

作者:缪祥平(云南省曲靖市第二中学,曲靖,655000)

案例十一　酒精与水混合体积小于两体积之和实验创新设计

【题目】

人教版《化学(九年级上册)》第三单元课题2中,为了说明分子之间有间隔,设计了家庭小实验:100mL酒精与100mL水混合,体积小于200mL。这个家庭小实验常被教师用于演示实验,说明分子之间有间隔。但这个实验有以下不足之处:①该实验为100mL酒精与100mL水混合,用量大,造成酒精的浪费;②取液需准确,操作严格,费时;③把两个量筒内的液体倒入第三个量筒中,量筒中有残留液体,操作不严谨,说服力不强。改进这个实验,利用20mL开塞露瓶代替量筒,用量小,开塞露瓶的瓶口细,相当于一个微型容量瓶,现象明显,而且用量少,液体取用不需十分准确,用时短。

【准备】

开塞露瓶、水、实验室作燃料的酒精、高锰酸钾。

【实验】

(1) 在开塞露瓶颈处贴一圈红纸作为液面标记。

(2) 用注射器向20mL开塞露瓶中加入约半瓶溶有高锰酸钾的水(水中加入高锰酸钾以显色),再用注射器加入酒精至液面标记处(图4-10)。盖上瓶塞,正放倒放数次,液面明显下降,离液面标记处较远(图4-11),说明分子之间有间隔。

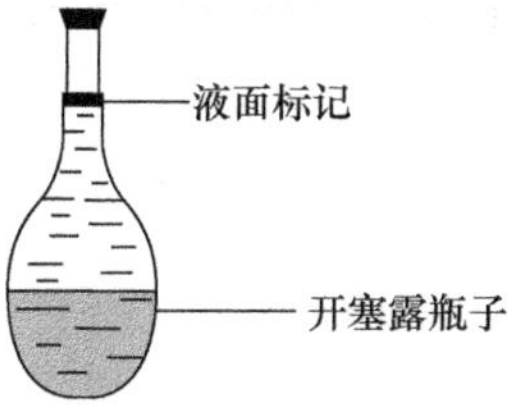

图 4-10　振荡前

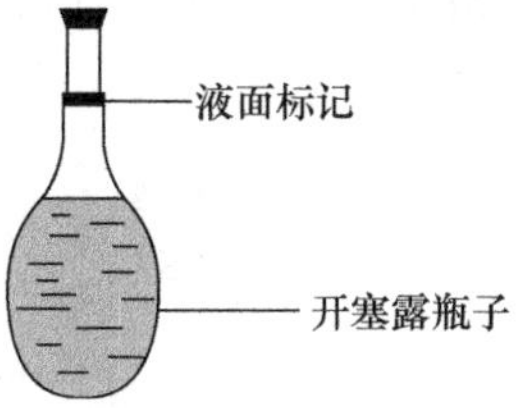

图 4-11　振荡后

【改进与创新】

（1）在一个容器内完成，说服力强。
（2）现象明显。
（3）酒精用量少。
（4）取液不必准确，用时短。
（5）便于学生开展。

作者：庄宇（云南省曲靖市麒麟区第三中学，曲靖，655000）

案例十二　“多功能”化学实验装置创新设计

【题目】

化学是一门以实验为基础的自然科学，新课程标准明确要求学生是学习的主体，应获得广泛的活动经验，动手实验、自主探究与合作交流是学生学习的重要方法。但是，许多落后的农村中学由于设备不足，无法开展实验，造成“教师讲实验、学生背实验”的局面，与化学新课程标准背道而驰。为了解决这个问题，用日常生活用品设计了一套能进行多个实验的微型化装置，不仅适合教师演示，也适合学生进行实验探究。该实验装置可在短时间内同时完成证明空气的存在、溶液导电性、电解饱和食盐水、二氧化碳的制取、二氧化碳的性质等多个实验，是一种实验创新。

【准备】

一次性注射器（4 个）、小药瓶（6 个）、小灯泡、自制小风扇、输液管（若干）、弹簧夹、导线（若干）、碳棒（2 根）、废旧蓄电池（提供电源）、废雪花膏瓶盖（2 个）、饱和食盐水、澄清石灰水、石蕊试剂、大理石、稀盐酸。

【实验】

取出活塞 B，在注射器中放入适量大理石，把活塞 B 插到接近大理石部位，关闭 D；左边的注射器先空着，把活塞 A 抽到顶部，然后如图 4-12 所示，用输液管连接装置，最后分别用注射器吸取饱和食盐水、石蕊试剂和澄清石灰水，并加入相应的小药瓶中。

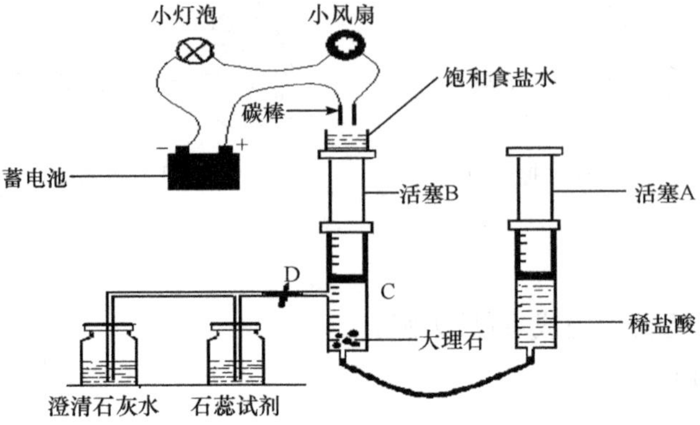

图 4-12　实验装置

（1）证明空气的存在、溶液导电性、电解饱和食盐水的实验操作。

关闭 D，向下缓缓推动活塞 A，活塞 B 向上移动，说明注射器中存在一种看不见的物质——空气；溶液浸泡碳棒后，小灯泡发光，小风扇旋转，说明饱和食盐水具有导电性；两根碳棒上冒气泡，并闻到刺激性气味，说明饱和食盐水被电解。

（2）二氧化碳的制取及二氧化碳的性质。

把活塞 B 移到 C 处；打开连接两个注射器的输液管，在右边的注射器中注入稀盐酸，按图 4-12 连接；打开 D，缓缓推动活塞 A，使稀盐酸接触大理石。大理石表面冒气泡，紫色石蕊试剂变红，石灰水变浑浊。向上抽动活塞 A，稀盐酸与大理石分离，实验停止；也可以去掉活塞 A，调节注射器的高度来控制反应的进行。

（3）回收废液。

打开连接注射器的输液管，推动活塞 A，把废液注入回收废液的容器中。

【改进与创新】

（1）这套装置能完成多个实验，有利于落后的农村中学的化学实验教学。

（2）实验装置所需材料简单，仪器都是代用品，有利于学生课内外开展实验，电源独立轻便，可随时随地进行实验，使化学实验探究真正走出课堂和实验室。

（3）该装置是类似于启普发生器的装置，方便控制反应的进行，可代替许多固-液不加热型的发生装置。

（4）该装置仪器简单，操作方便，功能多，为初中化学实验教学的改革创新提供了新的思路和方法。

作者：惠兴社（云南省宣威市第五中学，宣威，655400）

案例十三　二氧化碳与过氧化钠反应定量实验创新设计

【题目】

(1) 从二氧化碳与过氧化钠反应前后气体体积变化的定量关系可得出:反应前后气体物质的量之比为 2∶1,体积比也为 2∶1(同温、同压下)。

(2) 从温度计水银柱的变化可看出该反应是放热反应。

(3) 对反应后生成物的进行定性检验(确定生成的气体为氧气,固体为碳酸钠)。

根据以上定性与定量测定二氧化碳与过氧化钠反应的实验目的,设计一套反应装置,该装置既可用于教师演示,也可用于学生分组实验。整套装置均为实验室常用仪器,操作简易、现象明显,且整个实验耗时约 4min(含二氧化碳的制取)。

【准备】

(1) 100mL(或 50mL)注射器(玻璃、塑料的均可)、具支 U 形管、单孔橡胶塞、橡胶塞、乳胶管(约 3cm)、温度计(200℃量程)、玻璃棒、酒精灯、火柴、木条、小试管、小玻璃珠、药匙、胶头滴管、止水夹、铁架台(带铁夹)。

(2) 制取 CO_2 简易装置(包括除 HCl,不需干燥)。

(3) 过氧化钠、大理石、稀盐酸、澄清石灰水。

【实验】

实验装置如图 4-13 所示。

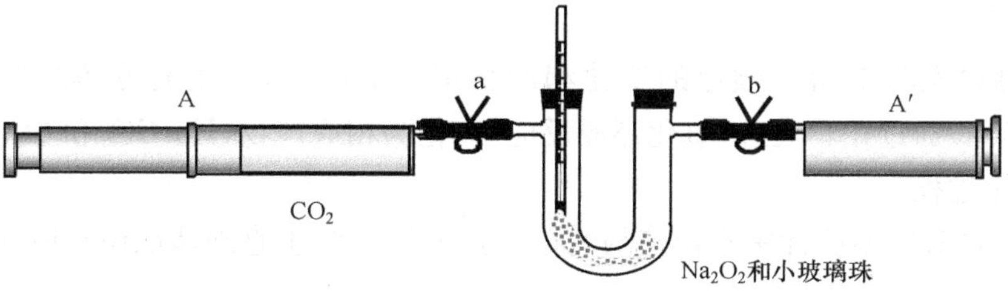

(a) 反应前

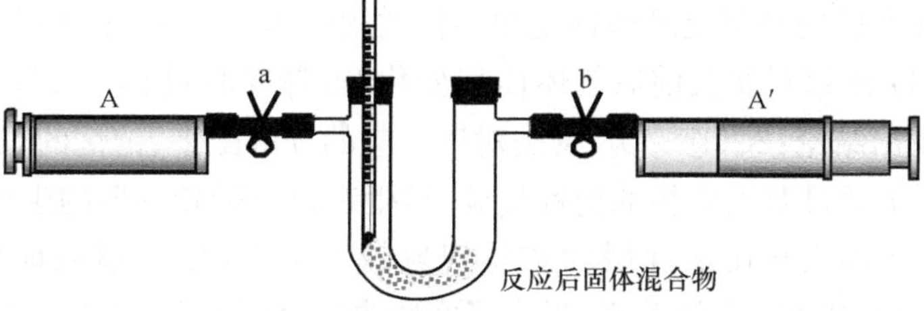

(b) 反应后

图 4-13　实验装置

注：夹持装置及制 CO_2 简易装置略；U 形管左右的连接装置可对调；带温度计的塞子与装有 CO_2 的注射器必须同侧。

(1) 在 U 形管内先装入少量小玻璃珠，然后装入约 1.5g 过氧化钠粉末，立即塞上带温度计的单孔橡胶塞；用止水夹夹住 a、b 处乳胶管；在 b 处连接注射器 A′并固定在铁架台上待用。

(2) 用制 CO_2 的简易装置制取一瓶 CO_2（HCl 已除），并用注射器 A 抽取 100mL CO_2 后连接在 a 处，然后固定在铁架台上。

(3) 打开止水夹 a、b，推动注射器 A 活塞，用较慢速度将 CO_2 气体压至 U 形管内，可以看到 Na_2O_2 由淡黄色变为白色，温度计水银柱上升，注射器 A′内有气体产生；再推动活塞将注射器 A′内气体推入 U 形管内，如此反复两三次。稍后，可观察到 A′内气体体积约为 50mL。

(4) 用止水夹夹住 a、b 乳胶管，打开橡胶塞，立即插入带火星的木条，木条复燃，证明有 O_2 生成。

(5) 打开另一带温度计的橡胶塞，直接在 U 形管中滴入 2～3 滴稀盐酸，可观察到有大量气泡产生。用燃着的木条伸入 U 形管内(不能与液体接触)，可观察到木条熄灭；然后立即将蘸有澄清石灰水的玻璃棒伸入 U 形管内，可观察到玻璃棒表面的澄清石灰水变浑浊(或用带吸有少量稀盐酸滴管的橡胶塞塞住 U 形管，滴入 2～3 滴稀盐酸并将产生的气体通入澄清石灰水，澄清石灰水变浑浊)，证明该固体为 Na_2CO_3 粉末。

【改进与创新】

(1) 通过实验中粉末颜色的变化和产物定性的检验，学生充分体验反应物(Na_2O_2、CO_2)通过化学反应(氧化还原反应)转化为相应产物(Na_2CO_3 和 O_2)的整个化学变化过程。

(2) 通过观察温度计中水银柱的变化(约 140℃)，学生直观地认识到该反应是放热反应。

(3) 通过反应前后气体体积的变化，学生进一步理解阿伏伽德罗定律及推论，同时在实验的基础上理解该定律不仅适用于单一气体，也适用于混合气体。

(4) 通过对实验前后气体体积变化，解释实验过程中 CO_2 与 O_2 的定量关系，学生得出结论：$2CO_2 \sim O_2$，突破对该反应的理解配平、记忆的难点。

(5) 通过对生成物的定性检验，学生亲自感受新物质的生成。

(6) 本实验在定性展示实验现象的基础上，更加细致地揭示了实验过程中 CO_2 与 O_2 之间的定量关系，丰富了实验内涵，增加了学生认知的途径，也改变了学生的认知过程和学习状态。

【讨论】

（一）U 形管内过氧化钠粉末载体的探讨

用碎瓷片作为过氧化钠粉末载体进行实验，反应后发现氧气难以检验，而且气体总体积缩小，估计可能是碎瓷片对氧气具有一定吸附作用。此猜测有待验证，所以选用光滑的小玻璃珠作为载体。

（二）实验用注射器的探讨

（1）塑料注射器活塞与注射器间摩擦力太大，不易推动，最好选用 100mL 或 50mL 玻璃注射器。

（2）注射器的摆放应与桌面平行，减少注射器受重力的影响而造成的误差。

（3）本实验要求良好的气密性，应尽量选择不漏气的注射器，选择时可在注射器内部涂少量柴油，反复推拉注射器使柴油涂抹均匀，然后抽气，用手指堵住出气口，适当用力推动活塞，若观察到柴油向外流动，证明漏气。

（三）实验过程中的发现

过氧化钠粉末由浅黄色先变为橙黄色，再变为白色。关于该问题查阅相关资料后得出结论：二氧化碳首先与过氧化钠反应放出原子氧，原子氧迅速与过氧化钠反应生成橙黄色的超氧化钠过渡产物；由于二氧化碳与过氧化钠反应放出大量的热，超氧化钠受热分解，释放氧气，而自身与二氧化碳作用转变为碳酸钠。关于该问题希望读者也能共同参与探讨解决。

（四）关于二氧化碳检验的探讨

二氧化碳的检验常用带火星的木条，但在中学化学中能使带火星的木条熄灭的除二氧化碳外还有氮气等；而二氧化碳的常规检验是用澄清石灰水，能使澄清石灰水变浑浊的也并非只有二氧化碳。所以在对二氧化碳的检验中，本实验采用两种方法联用，先用带火星的木条检验，熄灭后再用蘸有澄清石灰水的玻璃棒检验，更有说服力。

作者：谢瑞琨，柳富强（云南省普洱市第一中学，普洱，665000）

案例十四　氯水性质检验实验创新设计

【题目】

氯气的水溶液称为氯水。溶解的氯气能与水发生反应，生成盐酸和次氯酸（HClO）。氯水的成分和性质是中学化学的常考点，新制氯水中因溶有氯气而有刺激性气味并有毒，因而进行氯水性质实验应尽可能快速完成。为解决这个问题，特设计此装置。这套装置可以完成氯水性质的多个实验，几个实验一起做，有利于学生对实验现象的辨别，从而加深对所学知识的掌握。

【准备】

（1）铁架台（带铁夹）、双通管、双孔橡胶塞、单孔橡胶塞（5 个）、Y 形管（2 根）、小试管（4 支）、20mL 塑料注射器、胶头滴管、玻璃珠（4 个）。

（2）新制氯气、蒸馏水、CCl_4、$AgNO_3$、$NaHCO_3$、$FeSO_4$、KSCN、pH 试纸、淀粉-碘化钾试纸。

【实验】

在注射器中装入 20mL 蒸馏水，改进后的胶头滴管中装入适量 CCl_4，将注射器和胶头滴管安装在单孔橡胶塞上。小试管中依次装入 $AgNO_3$溶液、$NaHCO_3$溶液、滴有 KSCN 的 $FeSO_4$溶液、pH 试纸，按图 4-14 连接实验装置。

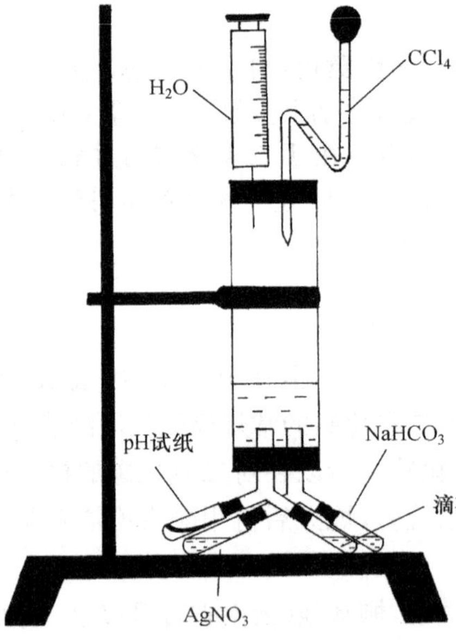

图 4-14　实验装置

（一）实验步骤

（1）双通管中收集满 Cl_2（用湿润的淀粉-碘化钾试纸验满），立即用准备好的带胶头滴管（装有 CCl_4）和注射器（装有蒸馏水）的单孔橡胶塞塞住管口，观察氯气的颜色。

（2）用注射器向双通管中注入约 3mL 蒸馏水（以水不浸没 Y 形管为准），静置 30s，观察气体及溶液颜色的变化。

（3）向双通管中滴入适量 CCl_4，静置，观察溶液颜色的变化。

（4）将注射器中剩余的蒸馏水注入双通管中。

（5）分别挤压 Y 形管上的玻璃珠，依次观察小试管中的实验现象。

（二）现象及结论

（1）氯气为黄绿色气体。

（2）因为有少量氯气溶于水中，所以溶液呈浅黄绿色。

（3）溶液分为两层，上层溶液无色，下层溶液黄色。向氯水中加入 CCl_4，CCl_4 将氯水中的 Cl_2 萃取后，溶液层变为无色，CCl_4 层为黄色。通过 CCl_4 对氯水中氯气的萃取，证明新制的氯水因溶有氯气而呈黄绿色。

（4）$NaHCO_3$ 溶液有气泡产生，证明氯水显酸性，含 H^+；$AgNO_3$ 溶液中产生大量白色沉淀，证明氯水中含有 Cl^-；滴有 KSCN 的 $FeSO_4$ 溶液变为红色，证明氯水具有强氧化性，含 HClO；pH 试纸先变红后褪色（变为白色），证明氯水具有酸性和漂白性。

综合上述实验，新制氯水的成分为“三分子，四离子”，即三分子 Cl_2、HClO、H_2O；四离子 Cl^-、ClO^-、H^+、OH^-。

【改进与创新】

（1）这套装置能在短时间内完成氯水的制备、氯水颜色的观察、氯水的萃取、氯水的酸性、氯水的漂白性实验。新制氯水因含氯气而有刺激性气味并有毒，采用组合式实验，可以减少氯气对环境的污染。

（2）实验效果良好，整个实验只需 4min 左右，就可检验出新制氯水的成分和性质。

（3）药品用量少，实验现象更直观。

作者：周颖（云南省会泽县茚旺高级中学，会泽，654200）

案例十五　粉尘爆炸实验创新设计

【题目】

人教版《化学（九年级上册）》第七单元课题 1 中讨论了面粉等粉尘的爆炸实

验,但是操作复杂,用的是铁罐,看不到面粉燃烧的现象,不够直观;用气囊向其中吹气,不好控制进气量,实验成功率低。

【准备】

塑料瓶、铁架台、喷壶、点火枪、面粉。

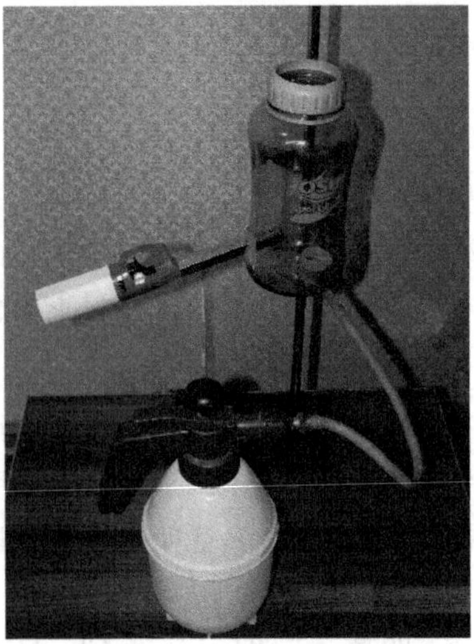

图 4-15　实验装置

【实验】

(1) 将仪器按图 4-15 连接,向小瓶盖中倒入干燥的面粉。

(2) 点燃点火用的打火机。

(3) 打开压缩空气的开关,将面粉从小瓶盖中吹出,发生爆炸。

【改进与创新】

实验改进后用的是废弃的透明塑料水杯,能够清楚观察到面粉爆炸的现象,装置中采用喷壶可以精准地控制压缩空气吹动面粉的程度,保证了本实验有较高的成功率。该装置固定在铁架台上,安全性好。

作者:牛海涛(河南省鹤壁市实验学校,鹤壁,458000)

案例十六　木炭的吸附性实验创新设计

【题目】

人教版《化学(九年级上册)》第六单元课题 1 中讨论了木炭的吸附性,在盛有半瓶红墨水的锥形瓶中投入几块烘烤过的木炭,轻轻振荡后,很难及时看到红墨水褪色,若采用过滤的方式,耗时较多。为了节省时间,简化实验装置,将此实验进行改进。

【准备】

试管、玻璃棒、橡胶塞、木炭粉(或活性炭粉)、红墨水、脱脂棉。

【实验】

改进前和改进后的实验装置分别如图 4-16 和图 4-17 所示。

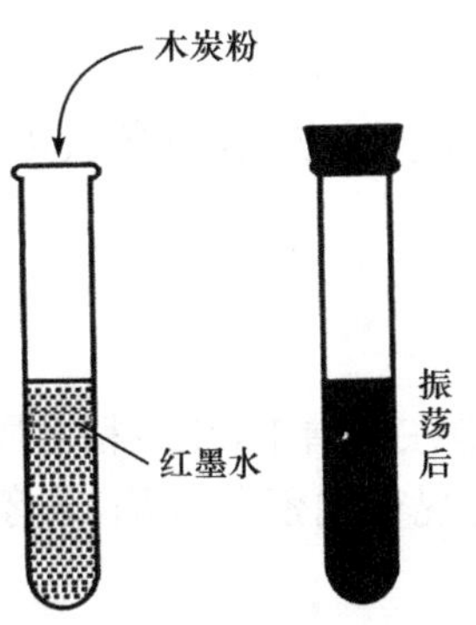

图 4-16　改进前的实验装置

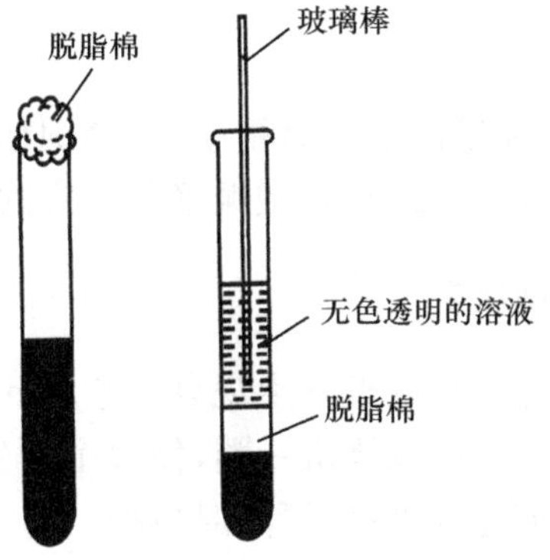

图 4-17　改进后的实验装置

(1) 取两支相同的试管，其中一支装入少量活性炭。

(2) 向两支试管中分别加入约 1/3 试管容积的红墨水，振荡装有木炭粉的试管。

(3) 稍停片刻，取两团脱脂棉放在试管口，用玻璃棒将脱脂棉慢慢推至试管底部。

【改进与创新】

(1) 此装置比较简便，操作快捷。

(2) 实验中采用两支试管进行对比，使学生认识到木炭(或活性炭)具有吸附性，而脱脂棉只是具有过滤作用，不具有吸附性。

(3) 实验装置若有完好无损的试管，实验完毕后，很难取出压入试管底部的脱脂棉。可以用烂底的试管，不仅能达到废物利用的目的，还能激发学生的创新意识，使实验教学内容更加新颖。

作者：赵佩莉(新疆生产建设兵团农五师中学，博乐，833500)

案例十七　巧用粉笔进行实验创新设计

【题目】

人教版高中必修《化学 1》第三章第二节中讨论了焰色反应，但是铂丝蘸取待测液太少，全班学生难以观察清楚焰色反应的实验现象，并且易受酒精灯黄色火焰颜色的干扰。

【准备】

粉笔、氯化钠、碳酸钠、氯化钾、硝酸钾、硫酸铜、酒精。

【实验】

先将粉笔浸泡在酒精中，再分别粘上待测固体粉末后点燃，观察氯化钠、碳酸钠、氯化钾、硝酸钾、硫酸铜焰色反应的现象。

【改进与创新】

操作简单，便于学生观察。将 2cm 长的粉笔浸泡在酒精中，然后粘上固体粉末氯化钾点燃，可以绕班一圈，使每个学生都能近距离观察到紫色火焰，现象十分明显，且粉笔随处可见，可随时更换。

作者：薛桂凤（河北省张家口市宣化区第一中学，张家口，075100）
袁东霞（河北省张家口市教育科学研究所，张家口，075100）
张宇帆（东北师范大学化学学院，长春，130024）

参考文献

白石振作，等. 2010. 高等学校理科用化学Ⅰ. 东京：大日本图书.

北京师范大学. 2006. 化学反应原理. 济南：山东科学技术出版社.

北京师范大学国家基础教育课程标准实验教材总编委会. 2007. 实验化学. 济南：山东教育出版社.

陈斌年. 2008. 钠与水反应实验的改进与探索. 化学教学，(12)：13.

陈伟，李宏亮，周青. 2010. 英国高中教材《高级化学》化学平衡常数内容的编排特点分析. 中学化学教学参考，(5)：59-61.

丁爱军，王金龙. 2010. 制备乙酸乙酯的新研究与反思. 化学教育，31(5)：13-14.

董军. 2012. 钠在空气中燃烧实验的探究. 化学教学，(1)：47-48.

杜海彦. 2008. NH_3的喷泉实验的创新. 教学仪器与实验，24(1)：28.

段玉峰. 2002. 综合训练与设计. 北京：科学出版社.

何亦飞. 1999. 碳酸钠碳酸氢钠热稳定性实验的改进. 实验教学与仪器，16(4)：9.

江敏. 2011. 在实验中展现化学的魅力——定量中的实验和实验中的定量. 中学化学教学参考，(11)：10-11.

李广洲，陆真. 2006. 化学教学论实验. 2版. 北京：科学出版社.

李茂炽. 2004. 关于反应热教学的两个问题. 中学化学教学参考，(Z2)：8-9.

李忠元. 2009. 测定中和反应的反应热实验的教学设计. 实验教学与仪器，26(10)：23-24.

李周平，张乐伟. 2008. 渗析法对氢氧化铁溶胶净化条件的研究. 中学化学教学参考，(9)：32-33.

刘昌华，刘婷玉，姜弟和. 2011. 化学振荡反应及其在新课程中的应用. 中学化学教学参考，(8)：43-45.

刘芳. 2001. 氢气实验室制法的条件探索. 零陵师范高等专科学校学报，22(3)：61-62.

刘付平. 2000. 氨的喷泉实验的改进. 中学化学教学参考，(3)：33.

刘洪宇. 2010. 论浓度、温度、催化剂对化学反应速度的影响. 现代商贸工业，(21)：377.

刘庆文. 2011. 纤维素水解最佳条件探索. 创新技术，(2)：38-39.

刘英杰. 2009. 铁粉与水蒸气反应实验装置的改进. 化学教育，30(4)：71.

刘勇. 1997. 镁与水反应演示实验的改进. 化学教学，(11)：11-12.

龙威，徐文媛. 2010. "加热铝箔"实验的不足与探究. 化学教育，31(8)：69.

陆英麟. 1998. 钠在氯气中燃烧演示实验的改进. 化学教学，(5)：14.

吕明全，罗敏舟. 2003. 氢气的制取和性质实验装置的改进. 实验教学与仪器，20(5)：17-18.

罗华荣，彭晓玲. 2009. 氢气的制取及其爆鸣实验的改进. 中小学实验与装备，19(3)：31.

聂素云. 2011. 稳定氢氧化亚铁的制备实验改进. 化学教育，32(11)：71.

人民教育出版社课程教材研究所，化学课程教材研究开发中心. 2009. 化学1. 北京：人民教育出版社.

人民教育出版社课程教材研究所，化学课程教材研究开发中心. 2007. 化学反应原理. 北京：人民教育出版社.

人民教育出版社课程教材研究所，化学课程教材研究开发中心. 2007. 实验化学. 北京：人民教育出版社.
日本化学会. 1993. 楽しい化学の実験室. 东京:东京化学同人.
山本隆一. 2009. 高等学校化学Ⅱ改订版. 东京:啓林馆.
山本隆一. 2009. 高等学校理科用化学Ⅰ改订版. 东京:啓林馆.
谭宗俊,王超文. 2010. 钠在空气中燃烧生成淡黄色过氧化钠的最佳操作. 化学教育,31(2):75.
王钏. 2005. 纤维素水解的实验改进. 教学仪器与实验,21(6):29.
王海燕,刘波. 2008. 氯化钴溶液变色实验的定量控制及相关趣味实验介绍. 化学教学,(10):5-6.
王红云. 2010. 肥皂的制备实验设计的改进研究. 化工设计通讯,36(4):21.
王显成. 2002. Al_2O_3两性和$Al(OH)_3$受热分解的实验改进. 中学化学教学参考,(1):31.
王雅珍. 2010. 乙酸乙酯合成工艺的优化. 江苏技术师范学院学报,16(3):19-20.
王祖浩,王磊. 2012. 义务教育化学课程标准(2011 年版)解读. 北京:高等教育出版社.
王祖浩. 2004. 实验化学. 南京:江苏教育出版社.
王祖浩. 2008. 化学 1. 南京:江苏教育出版社.
文庆城. 2003. 化学实验教学研究. 北京:科学出版社.
吴丹,马宏. 2007. 对碳酸钠和碳酸氢钠与稀盐酸反应实验的商榷. 化学教育,28(11):54.
吴迪,邓琴. 2005. 化学实验教学中的素质教育浅议. 贵州教育学院学报,16(4):37-39.
熊言林. 2004. 化学教学论实验. 合肥:安徽大学出版社.
严永新,陈宁. 2008. 乙酸乙酯合成方法的改进. 安庆师范学院学报:自然科学版,14(1):94-95.
杨明树. 2012. 实验室制取二氧化碳时对盐酸浓度的选择. 教学仪器与实验,28(2):25-26.
杨生贵. 2010. 过氧化钠与水、二氧化碳反应的实验探究. 化学教学,(8):11-13.
张荣贤. 2012. 白磷在水中燃烧实验的改进. 中学化学教学参考,(4):70.
张宇帆,薛桂凤. 2010. 巧用粉笔改进化学演示实验. 实验教学与仪器,27(4):23.
赵也平. 1984. 如何得到清晰的电泳界面. 化学教育,5(3):48.
中华人民共和国教育部. 2003. 普通高中化学课程标准(实验). 北京:北京师范大学出版社.
中华人民共和国教育部. 2012. 义务教育化学课程标准(2011 年版). 北京:北京师范大学出版社.

附　　录

附录一　常见酸、碱的浓度

试剂名称	密度/(g/cm³)	质量分数/%	物质的量浓度/(mol/L)	试剂名称	密度/(g/cm³)	质量分数/%	物质的量浓度/(mol/L)
浓硫酸	1.84	98	18	氢溴酸	1.38	40	7
稀硫酸		9	2	氢碘酸	1.70	57	7.5
浓盐酸	1.19	38	12	冰醋酸	1.05	99	17.5
稀盐酸		7	2	稀乙酸	1.04	30	5
浓硝酸	1.41	68	16	稀乙酸		12	2
稀硝酸	1.2	32	6	浓氢氧化钠	1.44	～41	～14.4
稀硝酸		12	2	稀氢氧化钠		8	2
浓磷酸	1.7	85	14.7	浓氨水	0.91	～28	14.8
稀磷酸	1.05	9	1	稀氨水		3.5	2
浓高氯酸	1.67	70	11.6	氢氧化钙溶液		0.15	
稀高氯酸	1.12	19	2	氢氧化钙溶液		2	～0.1
浓氢氟酸	1.13	40	23				

附录二　常见酸、碱溶液的配制

溶液	物质的量浓度(近似值)/(mol/L)	配制
浓盐酸	12	d=1.19,38%(质量分数)
稀盐酸	6	浓盐酸：水=1：1(体积比)
稀盐酸	2	6mol/L HCl：水=1：2(体积比)
浓硫酸	18	d=1.84,98%(质量分数)
稀硫酸	3	浓硫酸：水=1：5(体积比)
稀硫酸	1	3mol/L 硫酸：水=1：2(体积比)
浓硝酸	14.5	d=1.40,65%(质量分数)

续表

溶液	物质的量浓度(近似值)/(mol/L)	配制
稀硝酸	6	浓硝酸∶水＝1∶5(体积比)
稀硝酸	2	6mol/L硝酸∶水＝1∶2(体积比)
冰醋酸	17.5	d=1.05,99.8%(质量分数)
稀乙酸	6	冰醋酸350mL∶水650mL
稀乙酸	2	6mol/L乙酸∶水＝1∶2(体积比)
浓氨水	15	d=0.90,28%(质量分数)
稀氨水	6	浓氨水∶水＝2∶3(体积比)
稀氨水	2	6mol/L氨水∶水＝1∶2(体积比)
氢氧化钠溶液	6	NaOH 240g/L
氢氧化钾溶液	3	KOH 168g/L
氢氧化钡溶液	0.2	$Ba(OH)_2\cdot 8H_2O$,60g/L,过滤
石灰水	0.02	饱和石灰水澄清液

附录三　主要干燥剂可用来干燥的气体

干燥剂	可干燥的气体									
$CaCl_2$	N_2	O_2	H_2	HCl	CO_2	CO	SO_2	CH_4		
P_2O_5	N_2	O_2	H_2		CO_2	CO	SO_2	CH_4		
H_2SO_4	N_2	O_2	H_2		CO_2	CO			Cl_2	
CaO										NH_3
KOH										NH_3

附录四　可燃气体的燃点和爆炸范围

气体(蒸气)	燃点/℃	混合物中爆炸限度(气体的体积分数)/%	
		与空气混合	与氧气混合
一氧化碳	650	12.5～75	13～96
氢气	585	4.1～75	4.5～9.5
硫化氢	260	4.3～45.4	
氨	650	15.7～27.4	14.8～79

续表

气体(蒸气)	燃点/℃	混合物中爆炸限度(气体的体积分数)/%	
		与空气混合	与氧气混合
甲烷	537	5.0～15	5～60
甲醇	427	6.0～36.5	
乙烯	450	3.0～33.5	3～80
乙烷	510	3.0～14	4～50
乙醇	558	4.0～18	
乙炔	335	2.3～82	2.8～93
乙醚	343	1.8～40	

附录五　常用试纸的制备

试纸(颜色)	制备方法	用途
石蕊试纸(红蓝两色)	用热乙醇处理市售的石蕊，除去红色素，倾去浸液；将1份残渣与6份水浸煮并不断摇荡，滤去不溶物。将滤液分为2份，1份加稀磷酸或稀硫酸至变红；另1份加稀氢氧化钠溶液至变蓝。然后将滤纸条分别浸入这两种溶液中；取出后在避光、无酸碱蒸气的房间晾干	红色试纸遇碱性溶液变蓝；蓝色试纸遇酸性溶液变红(分别储存于带塞的瓶中，下同)
酚酞试纸(白色)	1.0g酚酞加100mL 95%乙醇，摇荡溶液加100mL水。将滤纸条浸入溶液中；取出后在无氨蒸气的房间晾干	遇碱性溶液变成深红色
乙酸铅试纸(白色)	将滤纸条浸入10%乙酸铅溶液中，取出后在无硫化氢气体的房间晾干	检出痕量的硫化氢气体(变黑色)
碘化钾淀粉试纸(白色)	3g可溶性淀粉加25mL水，搅匀，倾入225mL沸水，随加随搅；继续加入1g KI和1g $Na_2CO_3 \cdot 10H_2O$搅拌，加水至500mL。将滤纸条浸入溶液中，取出晾干	检出氧化剂，特别是游离卤素，作用时变蓝

附录六　常用酸碱指示剂的配制

指示剂	指示剂酸碱性	变色范围(室温，pH)	配制方法	10mL试液用的滴数
甲基黄	碱性	红色2.8～4.0黄色	1.0g+1L 90%乙醇	1
甲基橙	碱性	红色3.2～4.4黄色	0.10g+100mL水	1
甲基红	碱性	红色4.8～6.0黄色	0.02g+60mL乙醇+40mL水	1

续表

指示剂	指示剂酸碱性	变色范围（室温，pH）	配制方法	10mL试液用的滴数
石蕊	酸性	红色 5.0～8.0 蓝色	1.0g＋50mL 水，静置一昼夜后过滤；在滤液中加 30mL 95%乙醇，加水至 100mL	
中性红	碱性	红色 6.8～8.0 黄橙色	0.01g＋50mL 乙醇＋5mL 水	1
酚酞	酸性	无色 8.2～10.0 红色	0.05g＋50mL 乙醇＋50mL 水	1～3

附录七　玻璃仪器的洗涤

实验中使用的玻璃仪器清洁与否直接影响实验结果。玻璃仪器的不清洁或被污染往往造成较大的实验误差，甚至出现相反的实验结果。因此，玻璃仪器的洗涤清洁工作是非常重要的。

玻璃仪器在使用前必须洗刷干净。将锥形瓶、试管、培养皿、量筒等浸入含有洗涤剂的水中，用毛刷刷洗，然后用自来水及蒸馏水冲洗。移液管先用含有洗涤剂的水浸泡，再用自来水及蒸馏水冲洗。洗刷干净的玻璃仪器置于烘箱中烘干备用。

一、初用玻璃仪器的清洗

新购买的玻璃仪器表面常附着游离的碱性物质，先用肥皂水（或去污粉）洗刷，用自来水洗净，然后浸泡在 1%～2%盐酸溶液中过夜（不少于 4h），再用自来水冲洗，最后用蒸馏水冲洗两三次，在 100～130℃烘箱内烘干备用。

二、使用过的玻璃仪器的清洗

（一）一般玻璃仪器

一般玻璃仪器，如试管、烧杯、锥形瓶等（包括量筒），先用自来水洗刷至无污物，再选用大小合适的毛刷蘸取去污粉（掺入肥皂粉）刷洗或浸入肥皂水中。将玻璃仪器内外，特别是内壁仔细刷洗，用自来水冲洗干净，再用蒸馏水洗两三次，热的肥皂水去污能力更强，可有效地洗去玻璃仪器上的油污。洗衣粉和去污粉较难冲洗干净而常在器壁上附有一层微小粒子，要用水多次甚至 10 次以上充分冲洗，或可用稀盐酸摇洗一次，再用水冲洗，烘干或倒置在清洁处备用。洗净的玻璃仪器不应在器壁上带有水珠，否则表示尚未洗干净，应按上述方法重新洗涤。若发现内壁有难以洗掉的污迹，应分别使用以下各种洗涤剂予以清除，再重新冲洗。用过的载玻片和盖玻片若滴有香柏油，先用软纸擦去或浸在二甲苯中摇晃几次，使油垢溶解，在肥皂水中煮 5～10min，用软布或脱脂棉擦拭，立即用自来水冲洗，然后在稀洗液中浸泡 0.5～2h，用自来水冲去洗液，最后用蒸馏水洗数次，待干后，浸于 95% 乙醇中保存备用。使用时在火焰上烧以除去乙醇。用此法洗涤和保存的载玻片和盖玻片清洁透亮，没有水珠。玻璃仪器经洗涤后，若内壁的水均匀分布为一薄层，表示油垢完全洗净，若挂有水珠，则还需用洗液浸泡数小时，然后用自来水充分冲洗，最后用蒸馏水洗两三次后备用。

（二）量器

量器（如吸量管、滴定管、量瓶等）使用后应立即浸泡于凉水中，勿使物质干涸。实验完毕后用流水冲洗，以除去附着的试剂、蛋白质等物质，晾干后浸泡在铬酸洗液中 4～6h（或过夜），再用自来水充分冲洗，最后用蒸馏水冲洗 2～4 次，晾干备用。

附录八　洗液的种类和配制方法

（1）铬酸洗液（重铬酸钾-硫酸洗液，或简称洗液）广泛用于玻璃仪器的洗涤。常用的配制方法有以下四种：

a. 取 100mL 工业硫酸（98%，下同）置于烧杯中，小心加热，然后小心慢慢加入 5g 重铬酸钾粉末，边加边搅拌，待全部溶解后冷却，储于具玻璃塞的细口瓶中。

b. 称取 5g 重铬酸钾粉末置于 250mL 烧杯中，加 5mL 水，尽量使其溶解。慢慢加入 100mL 工业硫酸，边加边搅拌。冷却后储存备用。

c. 称取 80g 重铬酸钾，溶于 1000mL 自来水中，慢慢加入 100mL 工业硫酸，边加边搅拌。

d. 称取 200g 重铬酸钾，溶于 500mL 自来水中，慢慢加入 500mL 工业硫酸，边加边搅拌。

（2）浓盐酸（工业用）：可洗去水垢或某些无机盐。

（3）5%乙二酸溶液：用数滴硫酸酸化，可洗去高锰酸钾的痕迹。

（4）5%～10%磷酸钠（$Na_3PO_4 \cdot 12H_2O$）溶液：可洗去油污物。

（5）30%硝酸溶液：洗涤 CO_2 测定仪器及微量滴管。

（6）5%～10%乙二胺四乙酸二钠溶液：加热煮沸可洗去玻璃仪器内壁的白色沉淀物。

（7）尿素洗液：是蛋白质的良好溶剂，适合洗涤盛蛋白质制剂及血样的容器。

（8）乙醇与浓硝酸混合液：最适合洗净滴定管，在滴定管中加入 3mL 乙醇，然后沿管壁慢慢加入 4mL 浓硝酸（相对密度 1.4），盖住滴定管管口。利用所产生的氧化氮洗净滴定管。

(9) 有机溶液：丙酮、乙醇、乙醚等可洗去油脂、脂溶性染料等污痕。二甲苯可洗去油漆污垢。

(10) 氢氧化钾-乙醇溶液和含有高锰酸钾的氢氧化钠溶液：是两种强碱性的洗液，对玻璃仪器的侵蚀性很强，清除容器内壁污垢，洗涤时间不宜过长。使用时应小心谨慎。

上述洗液可多次使用，但使用前必须将待洗涤的玻璃仪器先用水冲洗多次，除去肥皂液、去污粉或各种废液。若仪器上有凡士林或羊毛脂，应先用软纸擦去，然后用乙醇或乙醚擦净，否则会使洗液迅速失效。例如，肥皂水、有机溶剂（乙醇、甲醛等）及少量油污物均会使重铬酸钾-硫酸液变绿，降低洗涤能力。